巴勃罗·路易·毕加索（1881—1973），西班牙画家、雕塑家，
立体派的创始人，西方现代派绘画的主要代表

毕加索小传

巴勃罗·路易·毕加索(1881年10月25日—1973年4月8日),西班牙画家、雕塑家,现代艺术(立体派)的创始人,西方现代派绘画的主要代表,被称为"和平鸽之父"。他自幼就具备非凡的艺术才能,他的父亲唐·何塞是个美术教师,又曾在美术学院接受过比较严格的绘画训练,具有坚实的造型能力。毕加索是当代西方最有创造性和影响最深远的艺术家,他和他的画在世界艺术史上占据了不朽的地位。

听着鸽哨画世界

毕加索传

肖显志 著

華文出版社
SINO-CULTURE PRESS

图书在版编目（CIP）数据

听着鸽哨画世界：毕加索传 / 肖显志著. — 北京：华文出版社，2013.4（2013.8重印）
（可爱的“坏孩子”·世界伟人成长传记系列）
ISBN 978-7-5075-3926-4

Ⅰ. ①听… Ⅱ. ①肖… Ⅲ. ①毕加索，P.R.（1881～1973）–传记 Ⅳ. ①K835.515.72

中国版本图书馆CIP数据核字（2013）第056649号

听着鸽哨画世界：毕加索传

著　　者：肖显志
出版策划：李红强　罗　亭
责任编辑：杨艳丽
出版发行：华文出版社
社　　址：北京市西城区广外大街 305 号 8 区 2 号楼
邮政编码：100055
网　　址：http://www.hwcbs.com.cn
电　　话：总 编 室 010–58336239　发 行 部 010–58336212 58336238
　　　　　责任编辑 010–58336251
经　　销：新华书店
印　　刷：三河市华丰印刷厂
开　　本：710×1000　1/16
印　　张：11.5
字　　数：110 千字
插　　图：8 张
版　　次：2013 年 4 月第 1 版
印　　次：2013 年 8 月第 2 次印刷
标准书号：ISBN 978-7-5075-3926-4
定　　价：22.80 元

序

窃贼盯上了毕加索

小偷最喜欢偷什么东西？

当然是他最喜欢的啦！

小偷喜欢什么？

那还用说，值钱的东西啦！

值钱？金子值钱。

NO.

玉器值钱？

NO.

古董值钱？

NO.

那什么值钱？

嘘——

这是秘密。

什么秘密？

名画盗窃公司的绝密。

哦！我知道啦！世上最值钱的是名画。

谁的名画？

谁的……世上的名画可就多了——说中国古代的名画家吴道子、阎立本、关仝、董源、巨然、黄荃、徐熙、范宽、李公麟、米芾、郭熙、赵佶、张择端、李唐、刘松年、马远、夏圭、赵孟頫、黄公望、王蒙、倪瓒、吴镇、沈周、文徵明、唐寅、仇英、徐渭、戴进、张宏、陈淳、吕纪、林良……多了。再说中国现代的名画家徐悲鸿、王雪涛、林散之、刘海粟、傅抱石、黄胄、李苦禅、张大千、李可染、齐白石、潘天寿……

我说的是世界名画家的作品。

中国的就不是世界的了？

当然是，最是啦！可我要说的是外国名画家的画。

外国的也不少啊！梵高、达·芬奇、毕加索、莫奈、高更、门采尔、丢勒、罗丹……

停！

你知道在众多的世界名家的作品中，窃贼最偏爱谁的作品？

谁的画最值钱，就当然偏爱谁的啦！

那是谁？

这个嘛……

告诉你吧！设在英国伦敦的艺术品遗失登记局统计过了，窃贼最偏爱的是已故的西班牙绘画大师巴勃罗·毕加索的画。

毕加索？他有多少幅画被贼给偷了？

现在就有1147幅作品登记失窃、失踪。

哇！他一个画家就有这么多幅作品被盗？

那当然。

那他一生中要画多少幅画呀!

毕加索一生画了6万幅之多,是20世纪最伟大的十位画家之首……

哇——

为此,毕加索被称为“窃贼最青睐的画家”,登上艺术品失窃最多的画家榜单。

到底毕加索的画能值多少钱啊?

别的不说,就说《鸽子与豌豆》一幅能值2300万欧元,《田园曲》能值1500万欧元。

哎呀,妈呀!

哎!别把眼珠子瞪出来呀!不值钱窃贼能盯上毕加索嘛。

哇!毕加索,太酷啦!

被小偷盯上还酷?

那当然。

目　录

第一章　叔叔救了他

在直布罗陀海峡东北100公里的地方，有一座美丽而古老的城市——它就是享有盛名的西班牙港口——马拉加。

马拉加是个什么样的城市？

毕加索说，没有体会过马拉加阳光的人，就创造不出立体主义的绘画艺术。

的确，马拉加海岸的天空有一种有闪光绸缎般的钴蓝；平静的地中海海面，在天晴时显现出一种沉甸甸的灰蓝色，像少女般楚楚动人。冬日里，只有几天的时间，你一抬头就会看到山顶上的积雪，洁白得犹如一顶白帽子。夕阳西下，晚霞把天边涂抹得五颜六色，你会觉得那是一块偌大的调色板。

马拉加安达鲁西亚的大地就像一块偌大的画家调色板，在广袤无垠的原野上，那大片或橙黄或翠绿色的是位于河谷低地的亚热带果园；而连绵不断的灰绿颜色是橄榄树织成的地毯。春天里，麦苗平展铺就着，田野被染成娇艳欲滴的嫩绿；夏季到了，向日葵大片大片地开放，满山遍野便涂满浓浓的金黄；秋深了，树叶被霜寒染成鲜红和金黄色，在枝头上摇曳着娇媚；寒风把冬天吹到人们面前，少女般亭亭玉立的白桦林在晨雾中婀娜多姿，枝条在寒风中“吱儿吱儿”吹着悠然的口哨……

再俯瞰马拉加大地，耕地的深绿色、铁红色、黄褐色、灰黑色，鲜艳而明快，犹如野兽派画板上的色彩在大地上随意地画画。阳光青睐这片土地，正是马拉加斑斓的色彩给了毕加索艺术创作的灵感。

今天，如果我们或旅游、或拜访、或探求，信步在马拉加市中心，你会不自觉地走到纪念毕加索出生的纪念馆门前。在楼上，有一间模仿当年环境的房间，陈列着毕加索受洗礼时穿过的礼服，以及毕加索父亲曾用过的绘画用具。楼上楼下共两个展厅，分别展览着毕加索不同时期的作品。

大楼对面是梅塞尔广场，记忆着毕加索的童年时光。广场中央的修道院遗址上，矗立着为自由而献身的多里霍斯将军纪念碑，当白云飘过时，毕加索感到将军不是站在那里，而是跟着他一起行走。忽然，一大群鸽子飞起，在广场上空盘旋飞翔,在蓝天的映衬下显得自由悠然。

纪念碑的阶梯上坐着几个流浪艺人,他们有的在石板地上画着画儿,有的在给鸽子喂食,有的在用什么编织着粗糙的手链,有的在石头上雕刻着什么……在马拉加城,这种典型的伊比利亚式的生活方式随处可见,它赋予了童年的毕加索独特的创作灵感。

举目,你就可以看到阿尔卡萨瓦的穆斯林城堡,它今天仍站在那里诠释着马拉加的历史沧桑。走进去,你会看到城墙里有几个院落、营房和通道,其中一间营房里陈列着18或19世纪西班牙军队的制服和武器。拾级而上,站在古老的希布拉尔法罗城观景台上,城堡里的花园、整个城市和海港、远处的青山尽收眼帘。

修复过的古罗马剧场,位于希布拉尔法罗山脚下,每年夏季,这里都会举行盛大的露天表演。赫赫有名的西班牙籍好莱坞影星安东尼奥·班德拉斯也曾登上这个舞台表演过节目。马拉加毕加索博物馆位于该剧场对面,驻足于此,3000年的历史长河就在眼前缓缓流过……

你沿海行走,一条幽深的林荫大道与你并肩前行。路旁边的一栋古老的海关大楼就是让童年毕加索陶醉的马拉盖塔斗牛场。

毕加索故居附近有许多弯弯曲曲的小巷，里面充塞着许多小店，在这些店里有许多有趣的东西，如跳“弗拉门戈”舞蹈的裙子、舞鞋、头上的插花、西班牙有名的响板和吉他等。说到土特产，马拉加的葡萄干和葡萄甜酒，你一定要带一点给亲戚朋友，让他们也享受一点马拉加的阳光。

毕加索131年前就出生在这样一座美丽的海岸城市。

1881年10月25日，夕阳坠入海平面，夕晖把海水染成一片金黄，在海面上飞翔的大群海鸥也被染成金色，远远望去你会看到一闪一闪的金光。

马拉加市中心的梅塞尔广场和往常一样，聚集着零零散散的人群。一群群鸽子飞起又落下，把夕晖搅得纷纷乱乱。不一会儿，鸽子徐徐落下，悠闲地捡食着人们撒在地上的食物。

忽然，一位背着药箱的医生脚步匆匆地从广场穿过，惊得正在埋头觅食的鸽子“轰”的一声飞向天空。

医生是急着去接生的。

“阿赛多，这么急给谁接生啊?”身边一个正给鸽子喂食的汉子问。

医生叫阿赛多。他没回头，径直急走着回答:“何塞。”

“哦！何塞要当父亲啦!”

没再听到阿赛多的回答，人已经走远了。

显然，这是个不愿意顺顺当当地来到人间的小生命。阿赛多怎么能不急呢!

当阿赛多接到何塞老婆生孩子难产的消息时，急得一脑袋汗。接生,最怕的是难产。如果处理不当,就会母子双亡。

“快!快!快!”

阿赛多催促着自己,脚步更加急促,鞋底在石板路上留下嗒嗒的响声。

“咣当!”

来不及敲门,阿赛多推开何塞家的门就闯了进来,呼哧呼哧地喘着粗气。“我没来晚吧?”他边问边打开药箱。

“啊!啊!啊——”产妇在床上翻滚着大声地惨叫,汗珠豆粒般从她的额头滚落,枕巾打湿了一大片。

产妇的惨叫声撞到天花板上,再折回到地板上,来来回回地反复撞击着,让整个房间都打哆嗦。

产妇在生产前为什么这样大声地叫?

也许是因为胎儿在母亲的肚子里待的时间太长了,妈妈要喊他到外面的世界吧!

“不要这么大声地喊叫。”阿赛多安慰着产妇,“省下点儿力气好生产,别把力气喊没了。”

“出来吧!我的孩子……”产妇的声音放缓了,“妈妈求求你了,快出来吧!”

不管母亲怎样央求,胎儿在肚子里就是一声不吭。

“唐娜·玛丽亚·毕加索·德·路兹……”阿赛多医生叫着产妇的名字,“让我看看情况怎么样。”

医生看过,摇头。

丈夫唐·何塞·路兹见阿赛多摇头,急了,上前扳住他的肩膀问:“摇头干什么?我不允许你摇头。”

“也许是我来得太晚了……”阿赛多还是摇头。

唐·何塞·路兹摇着阿赛多的肩膀：“晚了是什么意思？”

“唐娜·玛丽亚·毕加索·德·路兹怕是……”阿赛多吞吞吐吐。

“怕是什么？”

“孩子生不下来……”

“我是来请你接生的，怎么生不下来？”

“难产……”

“那怎么办？”

“送到医院吧！也许还能有一线希望……”

很快，唐娜·玛丽亚·毕加索·德·路兹就躺在离马尔塞德广场不远的一家医院里了。

产妇唐娜·玛丽亚·毕加索·德·路兹已经没有力气喊叫了，只是轻轻地说着：“求求你，医生，救救我的孩子……救救孩子……”

“快！快！”医院的妇产科医生指挥着助产护士们，在产妇床前忙碌了好一会儿，终于帮助产妇产下了一个婴儿。

“噢！是个男孩。”接生医生对父亲唐·何塞·路兹说。

晚上 11 点 15 分，一个叫毕加索的婴儿出生了。

可面对眼前这个浑身青紫，既没有呼吸也不会蠕动的瘦弱男婴，父亲并没有兴奋起来，犹如额头挨了一棒，身子摇晃着喃喃地说：“救救我的孩子……求求你们，救活他吧！”

医院的助产士们围着“死婴”又紧张地忙活了好一阵子，

办法都想尽了,可婴儿还是没有反应。

“我们尽力了……”医生冲唐·何塞·路兹摊开双手,耸耸肩说,“这孩子是没救了,没救了……”

唐·何塞·路兹见医生和助产士想要救活孩子,但没能成功,只好把这个没有生命的小婴儿弃置在一张桌子上。

青紫的婴儿躺在墙角的桌子上,一动不动。

房间寂静得仿佛整个世界都凝固了。

“嗵!”

病房的门开了。

人们的目光聚集在进来的人身上。

是唐·何塞·路兹的弟弟萨尔瓦多——一位医技高明的权威医生。

“我来晚了。”弟弟萨尔瓦多医生说着,到墙角的桌子前,看着没有呼吸的婴儿,从衣袋里掏出一根雪茄,划着火柴,点燃,紧吸了几口,然后使劲吸足了一口,对准婴儿的鼻孔猛地吹了进去。

雪茄的烟雾弥漫在婴儿的面部,渐渐散开……

母亲唐娜·玛丽亚·毕加索·德·路兹望着烟雾，仿佛看到孩子生出一双翅膀，慢慢地扇动，身体飞了起来，并向她飞来。

"我的孩子，快让妈妈抱抱。"唐娜·玛丽亚·毕加索·德·路兹张开双臂。

是真的呀！雪茄的烟雾顿时创造出了奇迹——

"哇！哇——"

死婴在桌子上竟然哭出声儿来了！

奇迹！孩子活过来了！

唐娜·玛丽亚的丈夫唐·何塞·路兹和家族的成员们，见这个刚刚降临人世、浑身青紫、几乎让人不再抱任何希望的"死婴"——路兹家的第一个男性后嗣，死而复生了，都禁不住在病房里欢呼起来。

婴儿不哭便罢，一哭就惊天动地，瞪着圆圆的眼珠，面部扭曲着，那架势似乎不把天花板给震下来决不罢休。

"看他，一脸怪相，像公牛一样怒吼。"叔叔萨尔瓦多打趣地说着，再猛吸一口雪茄，朝婴儿喷去。

婴儿正大口地呼吸着，突然被雪茄的烟雾一呛，猛烈地咳嗽起来。

"哈哈哈！"

人们大笑起来，让刚才还沉浸在悲哀气氛的病房活跃起来。

婴儿咳嗽几声，接着又大声哭啼，向人世间宣告他的到来。

哥哥唐·何塞抓住弟弟的手，摇着说："这孩子是你把他从死神那里拉回来的。"

弟弟萨尔瓦多说："是他自己战胜了死神。这孩子以后会强悍起来的。"

"走！"唐·何塞冲家族的人招招手，再拉起阿赛多医生说，"都到我家喝我的窖藏葡萄酒去吧。"

几天后，浑身青紫的婴儿的皮肤渐渐红润起来，健康状况与正常出生的孩子没什么两样。母亲唐娜·玛丽亚把儿子抱在怀里，亲也亲不够。

那年，父亲唐·何塞 31 岁，母亲唐娜·玛丽亚 26 岁，他们都非常喜爱他们的第一个孩子。

儿子出生 15 天后的 11 月 10 日，唐·何塞在圣地亚哥教堂为儿子受洗。

这一天，天空蓝得如纯色的绸缎，阳光不是很烈，柔软得很温和。当唐·何塞抱着儿子走过马尔塞德广场时，一群鸽子正好从孩子的头顶飞过。

孩子扭头张望着飞翔的鸽子，竟然从包裹着的被子里伸出小手，是在跟鸽子打招呼吗？

圣地亚哥教堂里，神父为新生儿做了洗礼后，应父亲的要求给他起了个名字，全名长得会让中国人目瞪口呆——巴勃罗·迭戈·何塞·弗朗西斯科·德·保罗·胡安·尼波穆塞诺·玛利亚·德·洛斯·里美德斯·西普拉诺·德·拉·圣塔西玛·特里尼达德·马尔提尔·帕特里西奥·克里托·路易·毕加索。

这是多么长的一个名字啊！毕加索的全名是有史以来艺术家或任何人名字中最长的之一。他的名字是纪念西班牙和基督圣徒以及其家族血统的混合产物。其中有几个是重要的圣徒和尊敬的亲属以及他父母亲的名字，其余则是理念和个人特征的混合产物。西班牙人相信名字中最好包含一个乳名。用其他名字命名的“玫瑰花仍是玫瑰花”，毕加索与他的超长名字正好以最时尚的方式证明了这一俗语。

哈！记住一个人容易，要记住这么长的名字谈何容易。然而，这一大串姓名除了在马拉加市政厅的出生登记簿上出现过外，在他生活中的大部分时间里淡淡地消失了。世人永远记住的只是一个名字：巴勃罗·毕加索。

需要知道，毕加索是母亲的姓。

让儿子姓母姓是父亲的主意，因为他觉得自己的姓在西班牙太普通了，所以才在孩子的姓中又加上了母亲的姓——毕加索。

响彻世界的画坛巨子——毕加索的名字就是这样来的。

阅读思考

① 毕加索出生在一个什么样的城市，这里的自然环境对他的美术创作起到了什么影响？

② 毕加索的名字为什么那么长？

天空蓝得如纯色的绸缎，阳光不是很烈，柔软得很温和。爸爸唐·何塞抱着半个月大的毕加索走过梅塞尔广场，一群鸽子正好从孩子的头顶飞过。孩子竟然扭头张望着飞翔的鸽子，还将小手从包裹的被子里伸出，好像是在跟鸽子打招呼。

名家名言

当我们以忘我的精神去工作时，有时我们所做的事会自动地倾向我们。

名家名言

绘画的技巧成分越少，艺术成分就越高。

第二章　甜　　饼

儿子用了自己的姓——毕加索，母亲唐娜·玛丽亚高兴地抱着儿子悠荡着，连连叫着："毕加索，毕加索，我的儿子毕加索。"

小毕加索听着妈妈的召唤，张开小手朝妈妈抓去，嘴里发出"啊啊"的声音，是在回答妈妈吧！

唐娜·玛丽亚一口一口地亲着儿子，爱也爱不够。

爸爸唐·何塞在一旁很是嫉妒，用画笔点嗒着妻子："你看你美的……别把儿子脸上的肉给亲下来。"

"啊！啊！啊……"

小毕加索看着爸爸，发出只有他自己才懂的声音。

"儿子，你说什么呀？"爸爸俯下身子亲了儿子一口。

妻子忙把儿子移开，说："不让你亲，不让你亲嘛！"

"我的儿子不让亲……"唐·何塞转转眼珠说，"不让亲儿子，那就亲你，我亲爱的玛丽亚。"

不等妻子反应过来，丈夫的唇已经亲到她的额头上了。

唐娜·玛丽亚抱着儿子，想躲也躲不开，只能让丈夫亲个够，只能让幸福感在心头任意泛滥……

“咯咯咯咯……”

儿子发出小鸡般的叫声，是在笑吗？在笑爸爸妈妈的亲昵行为，还是在羞爸爸妈妈亲热也不回避点？

“你个小坏蛋！”唐·何塞用食指点了下儿子的额头。

小毕加索像是受到多大的委屈，突然“哇”一声大哭起来。

“呜——”

小毕加索的哭声戛然而止。

怎么回事？

唐·何塞和玛丽亚几乎同时把头扭向窗外。

一群鸽子从玻璃窗飞过，留下悠扬的鸽哨声。

“噢！”唐·何塞见儿子的眼睛还在盯着窗外，喃喃地说，“看来我儿子对鸽子格外钟情啊！”

“鸽子？”妻子觉得有点奇怪。

“是鸽子。”丈夫点点头，“我抱着他经过广场到圣地亚哥教堂洗礼，他就对鸽子很敏感。”

“儿子对鸽子感兴趣，那就给他养一只。”妻子对丈夫说，“明天就去买一只，挂在窗前。”

丈夫说：“明天干什么呀，就今天。不，马上。”

唐·何塞说着匆匆出了屋子。

“要白色的！”妻子在丈夫身后追着喊，“雪白的。”

很快，唐·何塞就回来了，手里拎着一个笼子，里面真的有一只白色的鸽子。

“谢谢你，何塞，我亲爱的。”妻子感激地看着丈夫，嘴巴朝窗前努努，“就挂在那里吧！”

“咕咕！咕咕！”

小毕加索听到鸽子的叫声，头马上扭过去，寻找发出声音的鸽子。然而，他听了会儿，竟然莫名其妙地发出婴儿唯一的声音——哭。

“哇哇——哇哇——哇哇……”

小毕加索越哭越来劲，响亮的哭声把鸽子的叫声都给镇住了。它呆呆地望着这个发出巨大声响的孩子，怀疑是不是自己惹恼了他。

妈妈抱起儿子在怀里悠荡着、哄着：“宝贝不哭，宝贝不哭，妈妈的好宝贝不哭啊！”

可是，不管玛丽亚怎么哄，小毕加索仍是一个劲地哭，没有停止的意思。

“怎么回事？”丈夫也闹不明白了。

“把鸽子笼拿过来。”妈妈以为是笼子离儿子远了。

丈夫忙把笼子拿到儿子眼前，可小毕加索还是哭个不停。

“毕加索,我的儿子快看看,鸽子在这儿呢!”妈妈把儿子的头转向笼子。

小毕加索非但没有停止哭泣,反而哭声更大了。

“是不是病了?”唐·何塞把手放在儿子额头上,摇摇头,“没发烧啊!怎么就突然哭起来了呢?”

玛丽亚想了想,突然指着笼子说:“儿子喜欢的是飞翔的鸽子,是不是因为你把它关进笼子里他才哭的呢?”

唐·何塞一拍脑门,说:“也许是吧!”他把笼子门打开,鸽子扑扑棱棱地在屋子里飞。

奇怪!

小毕加索突然不哭了,眼珠儿随着飞来飞去的鸽子转。

“噢!还是玛丽亚你聪明。”唐·何塞冲妻子竖起拇指。

玛丽亚说:“儿子跟母亲连心嘛!”

“就不跟父亲连心了?”唐·何塞立即跟了一句。

玛丽亚笑了,说:“儿子跟父亲母亲都连心呀!”

唐·何塞笑了,亲了下妻子,说:“毕加索是我们的儿子,我们爱情的结晶。”

小毕加索的目光随着鸽子移动着,小胳膊挥动着,仿佛要跟着鸽子飞起来。

“我的宝贝喜欢飞的鸽子,不喜欢关在笼子里的鸽子。”妈妈问儿子,“毕加索,你说是不是?”

“嗯!哪!”小毕加索像是明白了妈妈的话。

唐·何塞说:“我儿子长大后,就是一只在蓝天里自由飞翔的鸽子。”

“儿子，你就自由地飞翔吧！”妈妈使劲地亲了一口小毕加索，“蓝天那么大，都是你的。”

以后，只要屋子里有鸽子在飞，就很少听到小毕加索的哭声了。

火红的太阳一次一次地从窗前走过，小毕加索一天一天地长大。

这天，妈妈玛丽亚被儿子的发音怔住了。

“匹兹（PIZ），匹兹，匹兹！”

妈妈细听，是从儿子的嘴里发出来的。

在西班牙语中，PIZ 即是 LAPIZ 铅笔的缩音。儿子学会发的第一个音节是“铅笔”，难道还不懂事的小毕加索是在向母亲索要画笔吗？

“匹兹！匹兹！”妈妈学着儿子的发音。

“匹兹！匹兹！匹兹！”小毕加索连连地说着。

儿子是要写字呢，还是要画画呢？唐娜·玛丽亚把一支铅笔塞到儿子小手里。

小毕加索攥着铅笔凭空比画着，是要画画吧？

妈妈把唐·何塞的画板放到儿子面前，夹上一张纸。

小毕加索手中的铅笔这回找到了地方，在纸上画来画去，不一会儿工夫，整张白纸上画满了凌乱的铅笔道。

这时，唐·何塞回来了，妻子把儿子画得乱七八糟的笔道给丈夫看。

唐·何塞看着看着笑了，他惊叹儿子这么小就与画笔结缘。突然把儿子抓起来，举过头顶，高声叫喊："我儿子将来肯定是个大画家，要超过他父亲的大画家！"

唐·何塞长得又高又瘦，端正的脸上散布着稀稀拉拉的黄胡子。马拉加市民都很熟悉这位美术教师兼画家，亲切地把他称为"贝贝"。

唐·何塞除了担任马拉加市公立圣台尔摩美术学校的素描教师，还兼任市立博物馆馆长。他在授课之余，还要在博物馆负责各种美术作品的陈列、保管、复制和修补等维护工作。将要步入中年的父亲虽然执着画技不凡，但已无心在这一领域一争高低或出风头了，他只想默默无闻地工作来养活一家人。如今，见这么小的儿子对铅笔感兴趣，能在纸上画出这么"优美"的线条，"把儿子培养成画家"的希望萌生在心头。

"以后，"丈夫对妻子说，"你就常把铅笔给他，让他随当做意地在纸上画画，画什么都可以，随便他。"

妻子笑了，说："你是要把希望寄托在儿子身上啊！"

"那当然……"唐·何塞有些美滋滋的了。

"好的！"妻子也美滋滋地说，"我一定帮助你把儿子培养成画家，肯定超过你的大画家。"

于是，唐娜·玛丽亚就把铅笔给儿子当玩具玩，把在纸上画画当做与儿子做游戏，让儿子的时间在纸上度过。

冬天老人慢吞吞地走过去了，春天少女蹦蹦跳跳地跑来了，桃红柳绿、秋风叶黄，一年又一年，小毕加索转眼到3岁了。

3岁的小毕加索在纸上画出的线条已经不是那么凌乱的笔道了，而是能够根据自己的想象画出形状来了。

一般来说，3岁应该会说话了，可小毕加索说话很晚，虽然嘴里说着什么，可爸爸妈妈却听不懂。也许是外语？是什么外语？只有小毕加索自己知道。

晚上，唐·何塞从博物馆下班回家，刚一进门，儿子就拿着自己的画给父亲看。

纸上是一个圆圆的形状，唐·何塞怎么看也没看出来是什么。

“lorruela（一种甜饼）。”小毕加索的发音还有些含混。

父亲看着纸上缭乱的线条，虽然看不出是甜饼，可根据儿子的发音，猜到了儿子是在用图画来表达他的愿望——要吃甜饼啊！

“玛丽亚，我亲爱的！”丈夫叫着妻子，“快给儿子做甜饼。”

妻子从厨房出来，手里端着食盘，上面是一张甜饼。

“奇迹！真是奇迹！”丈夫把妻子手中的食盘接过来，兴奋地叫喊。

“是甜饼吗？”妻子说。

“是甜饼。”

“多谢你,何塞。”

“我夸奖你甜饼做得好,更是夸奖儿子。”

“噢!你是夸奖儿子画了个甜饼?”

“难道不是奇迹吗?”

“嘻嘻!我早就看出来了——儿子画的是甜饼。”

唐·何塞把妻子揽进怀里,紧紧地拥抱。

“快放开,把我都抱疼了。”

唐·何塞挥舞着儿子的“甜饼”,在屋子里跳起舞来,用中国的成语来形容就是手舞足蹈。

妻子歪头看着喜形于色的丈夫,也沉浸在幸福之中。

小毕加索美美地吃着甜饼,看着爸爸妈妈不知发生了什么事,只觉得甜饼甜甜的,妈妈做的甜饼很好吃。

这就是3岁的毕加索画的第一幅画。一个尚未学会说话的孩子,竟懂得如何用图画来“说话”,来表达自己想吃甜饼的愿望,怎么不让父亲觉得是个奇迹呢!

“我们也吃甜饼。”唐·何塞对妻子说。

“亲爱的,已经做好了。”唐娜·玛丽亚又从厨房端出一盘甜饼。

在柔和的灯光下,一家人吃着甜饼,父亲的心头也甜滋滋的……

阅读思考

① 妈妈唐娜·玛丽亚和爸爸唐·何塞对小毕加索幼儿时期的艺术启蒙,对毕加索以后的艺术成长有哪些作用?

② 你幼年的艺术兴趣有哪些,还记得吗?这些兴趣对你的成长起到了什么样的作用?

第三章　大公鸡变鸽子

“轰隆隆～”

1884年，西班牙发生了大地震。强烈的地震把整个大地摇撼着，把整个城市的房屋摇晃着，也把刚刚会走路的小毕加索摇动着……

当时他正在梅塞尔广场上玩耍，见多里霍斯将军雕像晃来晃去，他努力让自己站稳，并指着多里霍斯将军的雕像问爸爸：“他要下来走路吗？”

“快躲开！”爸爸拉着儿子躲开了倒下的多里霍斯将军雕像。

“轰隆！”

多里霍斯将军的雕像倒下了，砸起一团灰尘。

“谁把他推倒了？”小毕加索感到莫名其妙。

“地震了，是地震。”爸爸把儿子拉到空场上，避免飞溅的瓦砾伤到儿子，当然也包括自己。

“好玩，好玩！”小毕加索非但不害怕，反倒兴奋起来，挣开爸爸的手，在广场上跳来跳去。

唐·何塞赶忙追上去，抓住儿子，紧紧地揽在怀里。

“好玩……”小毕加索觉得多里霍斯将军倒下了，楼房也倒下了，大树也倒下了，可就是鸽子没有倒下，仍然在天空中像往常一样飞翔。

“不好玩……”唐·何塞看着大地震带来的惨状，对小毕加索说，“地震会给我们带来灾难的，不好玩……”

大地终于平静了。

唐·何塞赶忙拉着儿子回家，他心里惦记着妻子。

还好，唐·何塞家的房子并没有受到太大的损伤。

“亲爱的……”唐娜·玛丽亚投入丈夫怀里，唐·何塞感觉到妻子身体微微颤抖，她是吓坏了。

“妈妈，我看到楼房倒下了，很好玩的。”小毕加索拉了下妈妈的手说，“妈妈，你的手怎么是冰凉的呀？”

“妈妈是怕呀……”唐娜·玛丽亚说。

小毕加索说：“我怎么不怕？”

妈妈说：“因为你还小。”

小毕加索问：“长大了就怕了吗？”

妈妈说:“你懂事了就知道害怕了。”

小毕加索歪着头说:“那我就不长大,就不懂事。”

“傻孩子……”爸爸松开妻子,抱起儿子说,“你要长大,你要早点懂事。”

“早点懂事,我就画画,像爸爸那样画画。”小毕加索捻着爸爸的胡须说,“跟爸爸一起画画。”

“我懂事的儿子……”唐·何塞把儿子的脸贴在自己的脸上。

小毕加索推着爸爸的头说:“我不要懂事,不要。”

“小傻瓜。”爸爸笑起来。

“傻瓜是什么瓜呀!”小毕加索问,“好吃吗？甜吗?”

儿子天真的问话,让爸爸和妈妈一起笑起来。

大地震,一场浩劫。

在15—16世纪,曾号称“海上强国”的西班牙,大地震后开始衰落,国家陷入了经济危机,老百姓的生活水平急剧下降。

“亲爱的,”玛丽亚叫住要出门的丈夫,“面包已经没有了。”

“我要吃面包。”小毕加索冲妈妈张开小手。

爸爸打了一下儿子的小手,说:“爸爸要去画画,给你挣面包。”

“我会画面包。”小毕加索仰头看着高大的爸爸说,“看我能不能画出来。”

小毕加索画的第一张画是甜饼,现在会走路了,画面包当然不成问题了，也就是说手到擒来。

“好宝贝，画吧！”妈妈把铅笔递给儿子。

唐·何塞冲儿子张开手说：“给爸爸也画一个。”

“我要画好多好多，给爸爸，也给妈妈。”小毕加索说着伏在桌子上认真地画了起来，嘴里还嘟哝着，“我要画好多好多，让爸爸妈妈把肚皮撑破。”

趁儿子埋头画面包的时候，唐·何塞悄悄退出了房间。画画能维持家里的生活，父亲放下了“画家”的架子，开始利用下班后的业余时间给人画画，赚点儿面包和香肠。他清楚地知道自己一个大男人，是家里的顶梁柱，就不能让妻子和儿子挨饿。为此，厚着脸皮给别人画画也是心甘情愿的。

深夜，唐·何塞回到家，腋下夹着面包，总算能让妻子和儿子吃饱肚子了。

爸爸一进屋，小毕加索就把一叠画满面包的纸递上去，说：“爸爸，吃吧！我画了好多面包呢！”

“是吗？”唐·何塞抱起儿子说：“好吃吗？”

小毕加索吧嗒着小嘴说：“好香好香呢！”

爸爸接过儿子画的“面包”，把那些纸塞进腋窝，一换手变出真的面包来，“毕加索，我的儿子，你看——”

“看，我画的面包多棒！”小毕加索抓住

面包就咬。

妈妈在一旁嘿嘿地笑,说:“我儿子长大了,也能像爸爸一样画面包呢!”

看着儿子香香地吃着面包,唐·何塞和妻子玛丽亚心里甜甜的。

“明天我跟爸爸去玩。”小毕加索吃完了面包,对爸爸说,“去博物馆。”

“好的。”唐·何塞说,“可你就见不到妈妈了。”

“要妈妈一起去。”小毕加索牵起妈妈的手。

唐娜·玛丽亚抚摸着儿子的手背,说:“爸爸的工作室妈妈不能去的。”

小毕加索问:“为什么呀?”

妈妈说:“那是爸爸画画的地方,不能打搅的。”

“我就不打搅了吗?”小毕加索问妈妈。

爸爸回答:“我儿子去不会打搅的。去吧!”

第二天,小毕加索就跟在爸爸屁股后头出了家门,小小的脚踩着爸爸大大的脚印走在去博物馆的路上。

4 岁的孩子走路还摇摇晃晃的,可他就在刚会走路时就经常随父亲到博物馆去玩儿,在父亲工作的画室里一待就是大半天。

唐·何塞的画室很大,足有 100 多平方米。在小毕加索眼里,这么大的画室就像梅塞尔广场,除了没有鸽子飞翔。于是,他在“广场”上跑来跑去,一不小心就把爸爸的画架碰翻了。

“让爸爸看看摔到了没有。”唐·何塞不但没生气，反倒把儿子扶起，上上下下检查摔伤哪儿了。

小毕加索拨开爸爸的手，去扶碰倒的画架。画架很重，小毕加索怎么扶也扶不起来，急得他“哇”的一声哭了起来。

“哭可不是男子汉。”爸爸帮儿子把画架扶起来说，“别乱跑，听爸爸的话，看爸爸画画。”

“我听爸爸的话。”小毕加索安静下来。

“这才是好孩子。”爸爸夸着儿子。

听到了夸奖，小毕加索变得乖了，站在那里仰头看着爸爸挥动着画笔，并在画板上涂抹着五颜六色的颜料。

小孩很难长时间待在那里的，很快，小毕加索就待不住了，但他不像先前那样乱跑，而是从地上捡了一支画笔，左右看看，有没有画板。

“在哪儿画呢？”小毕加索想着，竟然在地板上调起了颜料，然后蘸着颜料在爸爸的后背上画了起来。

唐·何塞觉着儿子在他后背上乱画，可没声张，任由儿子在画服上随意地画！

时间一分一秒地过去了，小毕加索画得很是投入。

唐·何塞正在画的是一幅《笼子里的鸽子》——那是一个巨大的笼子，里面飞着足有十多只鸽子，飞姿各异，有的大张着翅膀，有的抿着翅膀向上飞着，有的朝下俯冲……

小毕加索在爸爸的画服上画着什么呢？

唐·何塞看不到，当然就不知道儿子在画什么。小毕加索知道自己画什么吗？他看到爸爸在画鸽子，于是也学着爸爸画鸽子。他心里是这么想的，可画出来的形状看不出是鸽子，也看不出是飞禽。究竟是什么东西呢？

唐·何塞把画服脱下来，展开，并挂在墙上，退后几步来看——那是一团乱糟糟的线条，横七竖八，很像一堆树枝；色彩五彩缤纷，很像秋天落到地面上杂乱的彩色树叶；至于形状，看不出是什么……

“爸爸，爸爸！”小毕加索见爸爸那么仔细地看着自己的“作品”，得意地大声喊着。

唐·何塞看出儿子想要夸奖，便点着头说：“我的宝贝儿子毕加索，画得真棒！”

“棒！”小毕加索也学着爸爸的样子，眯着眼睛得意地看着自己的杰作。

虽然，儿子画的不是什么“画”，可当父亲的感到高兴。4岁的孩子能把颜料涂到上面，说明孩子对色彩已经有兴趣了。兴趣是什么？那是培养奋斗和追求的光芒。

唐·何塞抚摸着儿子的头顶，说：“毕加索先生，你画的大公鸡是很棒的嘛！”

“大公鸡！大公鸡！”小毕加索听爸爸给他的画儿起名大

爸爸唐·何塞的画室里，爸爸挥动画笔在画板上画画。小毕加索学着爸爸的样子，在地板上调了颜料，然后蘸着颜料在爸爸的后背上画了起来。爸爸画的是笼子里的鸽子，而小毕加索说自己画的也是一只“鸽子”。

名家名言

在这个世界谈艺术，第一是你们中国人有艺术；其次为日本，日本的艺术又源自你们中国；第三是非洲黑人有艺术。

名家名言

每个孩子都是艺术家，问题在于你长大成之后是否能够继续保持艺术家的灵性。

公鸡，高兴得在地板上边蹦跳，边叫嚷着："大公鸡，喔喔叫！大公鸡，喔喔叫！"

唐·何塞看着儿子边学鸡叫，边做着公鸡啼鸣的动作——脖子一伸一伸的，头一点一点的，很是滑稽，便禁不住笑了起来。

小毕加索见爸爸高兴，越加起劲地叫起来："喔喔！哏哏儿！"

他叫着叫着忽然停下了。

唐·何塞一怔，问："怎么了？"

"不是大公鸡。"

"不是？那会是什么？"

小毕加索走到爸爸画的鸽子跟前，指着说："是它！"

"唔——"唐·何塞看看自己的画作，再看看儿子的涂鸦，马上点头说，"对对，是鸽子，我儿子画的是鸽子。"

"大公鸡变成鸽子啦！"小毕加索在自己的画作前挥舞双手比画着，还冲爸爸做鬼脸。

唐·何塞弯下腰，蹲着身子对儿子，说："以后就跟爸爸学画鸽子吧。"

"我要比爸爸画得好。"小毕加索挥动着画笔，把颜料甩到爸爸的脸上。看着爸爸的大花脸，他嘻嘻地笑个不停。

"以后就到爸爸的画室来玩儿。"虽然唐·何塞不喜欢他在作画时身边有人打搅，可对儿子例外。因为小毕加索不仅仅是儿子，还是他的希望与寄托，他要把儿子培养成超过自己的大画家。

“爸爸，我还要画。”小毕加索拿着画笔要画，可往哪儿画呢？爸爸的画服上已经有了一只“鸽子”了。

唐·何塞见儿子在找画画的地方，便把一块画板拿过来，放在墙根下，说：“我的宝贝，你坐在地板上画吧！”

“我还画鸽子。”小毕加索在画板前坐下来，把画笔蘸饱颜料，开始一笔一笔认真地画了起来。

“好儿子……”唐·何塞见儿子安静地画着，便也去画自己的作品了。

阅读思考

① 灵感是艺术创作的火花，但往往一闪即逝，怎样抓住瞬间的灵感呢？

② 执着是成功的个性，毕加索在童年时期执着地践行自己的绘画兴趣，对他以后的成功起到了什么作用？

第四章　怪物昂昂叫

跟爸爸回到家，小毕加索对妈妈说，他画的大公鸡让爸爸给变成了鸽子，在天空里自由飞翔的鸽子。

“是吗？”妈妈有些不相信。

“真的呀！”小毕加索指着爸爸说，“你不信问爸爸。”

唐·何塞点点头说：“是一只很漂亮的鸽子。”

“还会在天上飞呢！”小毕加索说着，张开双臂在房间里转圈，嘴里还叨叨着“飞呀，飞呀，飞——”

他是高兴的。

为什么一高兴就转圈？

妈妈说：“别转了，别转了，看把头给转晕了。”

“天转地转飞起来还转……”小毕加索转着嘴里叨叨着，想停也停不下来。

唐·何塞守在儿子周围，生怕他摔倒。

小毕加索越转越快，他觉得自己生出翅膀来了，是那种洁白的翅膀，跟鸽子的翅膀一模一样的。他觉得自己的翅膀扇动起来了，他的身体提起来了，双脚渐渐离开了地面，徐徐地升上天空……噢！飞起来了，在蓝天里飞了。白云在身边一朵朵掠过，风儿在耳边轻轻抚摸，小鸟儿纷纷跟随在他身边……

“扑通！”

小毕加索在美妙的幻想里摔倒在了地板上。

唐·何塞扑上去拉起儿子，可小毕加索站也站不稳，身子摇摇晃晃，像在地板上跳舞。在他的脑海里，他还是在蓝天里飞翔，像鸽子那样自由地飞翔。

“等一会儿就好了。”妈妈自言自语道。

小毕加索摇晃了几下，又摔倒了。

唐·何塞这回没有去扶儿子，让他静静地躺在地板上恢复一会儿就好了。

渐渐地，小毕加索觉得自己向地面降落，落在了广场上，落在一群鸽子中间，吓得鸽子群呼地飞起……“别飞走啊！我们一起玩吧！”小毕加索朝飞走的鸽子喊着，挥动着小手要它们回来。

等唐·何塞喝完一杯咖啡，小毕加索自己从地板上爬起来，身体也不摇晃了，站得稳稳当当的。

妈妈放下咖啡杯，对儿子说："以后不要再转圈了。"

小毕加索问："为什么呀？"

"头转晕了，会摔倒的。"

"不是摔倒。"

"那是什么？"

"是在飞。"

"飞？"

"是呀！我生出翅膀来啦！"

"翅膀？"

"是呀！像鸽子一样的翅膀。"

"噢……"

唐娜·玛丽亚想起来了，自己小时候转圈玩儿，头晕得厉害，觉得身体向上飘起来，像树叶一样被风吹起来，在天空中飘荡。儿子也是这样的感觉吧，他以为自己长出了翅膀在天上飞呢！

小毕加索见妈妈不再说话，摆动起双臂说："妈妈，是洁白的翅膀，在天上飞，很好玩儿的。"

唐娜·玛丽亚搂着儿子，说："飞翔是很惬意的事儿，是很好玩的，可以后不能再转圈了。要是转圈摔倒了，头要是磕在硬东西上，会跌破的，要流血的。明白吗？"

小毕加索不明白，不过还是点了点头。

“听话才是好孩子。”妈妈夸着儿子。

小毕加索仰头看着妈妈,脸上泛着得意。

“昂昂昂!”

是什么在叫?

小毕加索的头转向窗外。

屋外洪亮的叫声把小毕加索的注意力吸引过去,目光穿透了玻璃,可玻璃外面被墙给挡住了。

墙是石头砌的,目光穿不过去。

“昂昂昂!”

那声音不但洪亮,还很高亢,小毕加索忍不住了,撒腿就往外面跑。可是刚一迈步,就“扑通”跌了一跤,重重地摔在了地板上。

唐娜·玛丽亚刚要上前去扶,小毕加索早就爬了起来,跑向房门。

“慢点儿!”妈妈奔过去拉住了儿子。

“不!”小毕加索挣脱妈妈的手说,“我要看,看是什么在叫。”

唐娜·玛丽亚只好牵着儿子的手出了屋子。

“昂昂昂! 昂昂昂!”

小毕加索终于看到叫声洪亮的怪物了——它就站在不远的一棵皂角树下,高高的身躯,高高的腿。啊! 它竟然有四条腿! 这让小毕加索感到惊奇。人,都是两条腿,它怎么会有四条腿? 而且,它的头上长着两个长长的耳朵。他下意识地摸摸自己的耳朵,很小,跟怪物来比小得太可怜啦！

“怪物。”小毕加索说。

“不。”妈妈说，“那是一头毛驴。”

“毛驴？”小毕加索问，“那它怎么穿着黑衣服？”

“因为它是黑毛驴呀！”

“红毛驴就穿红衣服了呗！”

“没有红毛驴。”

“黑毛驴不可以穿灰色的衣服吗？”

“穿灰衣服的是灰毛驴。”

“那么……有白毛驴吗？”

“如果……黑毛驴在白灰里打个滚儿就会变成白毛驴的。”

“噢！我在泥水里打滚，白衣服就能变成黑衣服，是吧？”

“我儿子真聪明……”

儿子的话让唐娜·玛丽亚哭笑不得。

“昂昂昂！昂昂昂！昂昂昂！”

那怪物可能是专门叫给小毕加索听的，越加叫得响亮起劲。

“昂昂昂！”小毕加索显然被怪物的叫声给感染了，也伸长脖子学着毛驴叫了起来，但声音要比毛驴的声音小得多。

“是在跟它比赛吗？”妈妈逗趣地问儿子。

小毕加索说：“不是比赛，我是跟它说话。”

妈妈问：“说什么？”

小毕加索眨眨眼，说：“我是问它是在唱歌吗？”

“它怎么回答你的?”

“它说……说……是在唱歌。”

“是什么歌呢?”

“它没告诉我。”

母子俩的谈话还要往下进行的时候,一个老头走过去从树上解开缰绳,把那“怪物”牵走了,当然洪亮的歌也停止了。

“那怪物要到城堡里去吗?”小毕加索望着远去的毛驴问妈妈。

妈妈顺着儿子的话说:“是的,是要回到魔鬼城堡。”

“魔鬼城堡……”小毕加索念叨着,望着“怪物”在他视线里渐渐消失,才回头望着妈妈的脸说,“我要把怪物画下来。”

“好吧!”妈妈拉起儿子说,“回家画吧!”

妈妈和儿子刚回到家,门就被敲响了。

唐娜·玛丽亚打开门,见是她的两个小外甥女,迎进来说:“小康查、小玛丽,你们好啊!”

康查和玛丽是小毕加索的表妹,两个活泼可爱的小女孩。

这时,已经把画笔拿在手里的小毕加索见表妹来了,比画着画笔说:“我看见了一个大怪物。”

康查眨着蓝宝石般的眼睛问:“什么怪物?”

玛丽探过头来也问:“怪物?”

小毕加索站到屋中间,岔开双腿,说:“一个大怪物,个子有山那么高,腿有大树那么粗,耳朵有楼房那么大……”

“噢……”

小毕加索见表妹惊奇得瞪大了眼睛，说得越加来劲了：“它的叫声，不，是它的歌儿，唱得跟打雷那么响，把大树都吓得打哆嗦了。”

“呜……”

康查和玛丽的眼睛瞪得更大了。

“我也跟它唱，可没等唱完，怪物就走了。”小毕加索说到这儿有些泄气。

“去哪儿了？”康查问。

小毕加索望了外面一眼，说：“去了魔鬼城堡。”

玛丽也往外面看，问：“魔鬼城堡在哪儿？”

小毕加索说：“在……在天上，怪物都是在天上住着的。”

康查和玛丽挤到窗前往天上望，可怎么也没望到魔鬼城堡，只有一朵朵白云在飘。

“只有云朵呀！”康查失望地说。

“我也只看到云朵，白色的云朵。”玛丽也失望地说。

小毕加索转转眼珠，说：“是啊！魔鬼城堡就在云朵里。”

“噢——”

康查和玛丽得到了答案，才从窗前离开。

“我要画怪物了。”小毕加索挥了下画笔，走到爸爸给他准备的画板前。

听说小表哥要画怪物，两个小表妹便安静地站到小毕加索身后。

“昂昂昂！”

小毕加索在下笔前，不知怎么忽然学着“怪物”叫了几声，吓得两个表妹一怔，下意识地后退了两步。

“别怕呀！”小毕加索扭头看着她们说，“这是怪物在唱歌。”

“我们没怕……”两个表妹同时说，“怪物的歌儿很好听的……”

“你们看……”小毕加索说，“我画的怪物更好看。”

“肯定会好看……”两个表妹附和着。

有两个表妹在一旁，小毕加索像所有的魔术师一样，需要观众，也就是说需要捧场。今天，他要画“怪物”，是给自己看，更是给表妹们看。

他挥动着画笔，很得意——画笔蘸上黑色的颜料，在画纸上重重地一涂，“怪物”的身子画出来了。

他瞥了表妹们一眼，接着画“怪物”的四条腿，他努力地想把腿画得很直，可画笔怎么也不听使唤，致使“腿”弯弯曲曲，像长弯了的树干。

“这是怪物的腿。”小毕加索解释着。

康查禁不住问：“怎么是弯弯的？”

小毕加索想了想，说：“不是弯。”

玛丽问：“那是怎么了？”

“是……是……”小毕加索想，人害怕时腿要打哆嗦的，便说，“它是害怕了。”

“怪物还害怕吗？”康查问。

“当然害怕了。”小毕加索用画笔指着怪物的腿说，“是在打哆嗦。”

“那它怕谁呀?”玛丽问。

小毕加索说:“当然怕比它更厉害的怪物啦。”

“更大的怪物是什么呀?”康查接着问。

“更大的怪物……”小毕加索答不上来了,只好说,“就是更大的怪物啦!”

两个表妹显然对小表哥的答案不满意,便不再问了,静静地看着他画画。

边说边画,一会儿工夫,小毕加索就把一个怪物画了出来。

“怎么样?”小毕加索看着表妹们,等着她们的赞扬。

康查左看右看,说:“不是怪物呀!”

玛丽也说:“不是怪物。”

小毕加索问:“那是什么?”

“毛驴!”表妹们几乎异口同声地喊。

唐娜·玛丽亚听到外甥女们的喊声从厨房出来,见儿子已经把他所说的怪物画出来了,便把手里的食盘放在桌子上,说:“康查、玛丽,来吃甜饼吧!”

康查和玛丽拿起甜饼一边吃着,一边说好甜。

小毕加索见表妹没赞扬他的画,也拿起甜饼,狠狠地咬了一口,嘴里叽里咕噜地说:“毛驴就毛驴,是穿黑衣服的毛驴。”

康查咽下一口甜饼,说:“黑毛驴画得真棒!”

玛丽也随着说:“很黑的毛驴。”

小毕加索听到赞扬,美滋滋地拿起画笔,蘸上红色颜料,点在毛驴的眼睛上,问表妹:“看,它的眼睛是红色的。”

“怎么是红色的?”玛丽问。

“是啊!”康查也发问,“毛驴的眼睛不是黑色的吗?”

“怪物的眼睛都是红色的。”小毕加索肯定地说着又“昂昂”地叫了一声。

康查和玛丽把嘴里的甜饼咽下了,就跟着小表哥“昂昂昂”地叫了起来,叫完了嘻嘻哈哈地笑起来。

小表妹康查和玛丽是小毕加索的首批观众,等笑够了,小毕加索情绪受到激发,问她们:“还要我画什么?”

她们看小表哥这么有能耐,能把毛驴画到纸上,康查就冲他喊道:“我要一只纽芬兰狗!”

“我要一只大公鸡!”

“好啦!”小毕加索想了想,挥起笔很快就画了一只芬兰狗。

康查看了又看,嘴里嘟囔着:“是什么狗啊?”

“芬兰狗啊!”小毕加索肯定地答着,问玛丽,“你要我画什么?”

玛丽想了想说:“一头牛。”

“给你画头大公牛。”小毕加索说着,几笔就画了一头大公牛。

玛丽见小表哥画的“公牛”有点奇怪,便问:“公牛怎么长着乳房啊?”

小毕加索不假思索地说:“是奶牛的公牛。”

“噢……”玛丽接受了表哥的答案。

在一旁的妈妈笑了，纠正着儿子的答案，说："毕加索，我的儿子，你说错了。"

"错了？"小毕加索用疑问的眼神看着妈妈。

妈妈说："是错了。奶牛的公牛也是没有乳房的。有乳房的奶牛是母牛。"

"是吗？"小毕加索还是疑惑。

妈妈想了想，用手托起自己的乳房，说："母牛是妈妈，就像妈妈一样有乳房；公牛是爸爸，没有乳房的。"

小毕加索看着妈妈的乳房，不做声了。半晌，他又拿起画笔，对玛丽说："我重新给你画一头公牛。"

这回，小毕加索把公牛的乳房给去掉了，而且还把眼睛涂成了红色。

"哞——"

小毕加索画完了，学着公牛叫了声："哞——"

玛丽跟着发出公牛的叫声："哞——"

康查拿着那幅毛驴画，张开掉了门牙的嘴巴也叫起来："昂昂昂！"

"哞——哞——"

"昂昂昂！"

"哞——哞——"

"昂昂昂！"

妈妈也被孩子们感染了，跟着叫起来。

在窗前经过的行人听到屋子里的叫声，不禁停下脚步，好奇地往里张望……

阅读思考

① 通过毕加索对毛驴好奇的故事,想想对事物的探求精神对未来发展的作用。

② 好奇和想象对人的艺术思维的重要性是什么?

第五章　跑到墙壁上的大公鸡

小毕加索为小表妹画的“怪物”黑毛驴和公牛，把她们高兴得不知是跳舞好，还是唱歌好，到后来都选择了学牛叫、毛驴叫。

街道上的行人听着孩子们的叫声感到奇怪，可孩子们不觉得奇怪，反而觉得好玩儿。你说，对孩子来说，还有什么能比玩儿更能诱惑他们的呢！

玩儿是有魔力的。但，它不是魔鬼。

不是吗？很多大科学家、艺术家不就是从孩童时的玩儿引发兴趣，最后变成理想和追求的吗？

别的孩子玩儿，无非是女孩子玩跳皮筋、打沙包、跳房子什么的；男孩子玩弹玻璃球、捉迷藏、摔跤……可小毕加索迷恋的跟别的孩子不一样，他迷恋画画。

要说小毕加索对画画的着迷，用“废寝忘食”来形容一点儿都不为过。再加上有了表妹康查和玛丽两个小粉丝，他画得更起劲了。

“巴勃罗·毕加索吃饭啦!”妈妈喊他。

小毕加索正在画一把椅子,可是椅子腿怎么画也画不直,就像当初画毛驴的腿一样,总是弯曲的。妈妈喊他吃饭的声音,他听到了,可他在心里说:“我要把它画直再吃饭。”于是便没吭声。

唐娜·玛丽亚到儿子画板前,低声说:“我的宝贝儿子,吃饭了。”

小毕加索还是没吭声。

“吃饭啦!”妈妈提高了喊声。

小毕加索扭头看了妈妈一眼,继续画。

妈妈央求着:“好宝贝,吃完饭再画也不迟。”

小毕加索开口了:“我不把它画直,就不吃饭。”

妈妈见儿子这么拗,只好作罢。

“咯咯!嘎嘎!”

窗外突然传来尖厉的叫声。

什么叫?

小毕加索放下画笔,朝窗外张望。

噢!是大公鸡在乱跑。

他放下画笔,跑到外面去撵大公鸡。

妈妈让小毕加索到院子里观察大公鸡，然后开始再画它。可是小毕加索却在院子里撵大公鸡玩儿。妈妈看见了，告诉他应该蹲下来仔细观察大公鸡。

名家名言

优秀的艺术家模仿，伟大的艺术家则是剽窃。

名家名言

艺术并不是真理，艺术是谎言，然而这种谎言能教育我们去认识真理。

然而，长翅膀的要比两条腿跑得快，小毕加索怎么追也追不上，气得他只好转回屋子哼着说："我把你画到墙上，看你还跑不跑。"

"好啦！好啦！"妈妈见机把食盘递到儿子眼前，"吃饭吧！吃完了饭就把大公鸡画到墙上，让它飞也飞不起来。"

"就照妈妈说的做。"小毕加索说着开始吃饭了。

吃完了饭，他早把椅子腿画不直那茬儿忘掉了，开始在屋子里打量起来。

妈妈一看，心中暗叫："坏了，坏了！儿子真要在屋子里的墙上画了！"不过唐娜·玛丽亚没有表现出一点儿制止儿子的意思，装作没看见。

小毕加索终于在西面墙下站住了，他仰头往上看，手还比划着。看来，他是选好画大公鸡的墙壁了。

他比画了好一会儿，叹了口气，坐在了地板上。

唐娜·玛丽亚看明白了，儿子是想要把大公鸡画到墙壁中间，可个子太矮够不到。她兀自笑了下，搬过两把椅子，再搬来一块木板搭在椅子上，一个画画的平台建好了。

"谢谢妈妈！"小毕加索感激地望着妈妈，爬上木板说，"我现在可以画了。"

"先不要忙着画。"妈妈阻止儿子说，"你先要观察观察大公鸡，把大公鸡羽毛的色彩记牢，然后再画也不迟呀！"

小毕加索从木板上下来，说："妈妈，我先观察大公鸡。"

"好宝贝，真听话。"妈妈夸奖着，亲了儿子一口。

小毕加索就跑到屋子外面，跟大公鸡玩儿去了。

妈妈的目光把儿子送出门，再移到墙壁上，想象着儿子要画一只什么样的大公鸡呢！

“咯咯！嘎嘎嘎！”

院子里，小毕加索哪是在观察呀，分明是在追撵大公鸡。虽然他已经5岁了，可毕竟还是小孩，根本追不上大公鸡。

妈妈透过窗户看到了，她来到院子里，对儿子说：“妈妈是要你观察，可不是要你撵大公鸡玩儿呀！”

小毕加索看了妈妈一眼，不作声，也不再撵了，蹲在地上用目光追着大公鸡。

妈妈也蹲了下来，问儿子：“你说，大公鸡的羽毛是什么颜色的呢？”

小毕加索闭上眼睛说：“它是一只红公鸡。”

妈妈说：“看上去是红色的，可不都是红色的羽毛呀！”

小毕加索说：“尾巴是黑色的，还有蓝色、紫色的长羽毛。”

“鸡冠子呢？”

“鲜红色的。”

“身上的羽毛也不是纯红色的呀！”

“是金黄色，还有橙色。”

“它的脚是什么颜色？”

“金黄色。”

“它的嘴巴？”

“铁青色。”

母子俩正一问一答的时候，康查和玛丽来了。

“表妹!”小毕加索打招呼。

“表哥!”她俩脆凌凌地喊。

唐娜·玛丽亚站起来,拉着两个外甥女的手说:“你巴勃罗哥哥要画大公鸡呢!”

“真的?”康查兴奋地说,“大公鸡很美丽呦!”

玛丽问毕加索:“表哥,什么时候画呀?”

小毕加索见粉丝来了,还对画大公鸡这么关心,便站起来说:“你们来了,我就开始画大公鸡啰!”

唐娜·玛丽亚说:“走吧! 我们回屋子。”

大家回到屋子,小毕加索把颜料准备好,选了几支画笔,登上木板,开始在调色板上调颜料。

“快画呀!”康查等不及了。

玛丽也嚷嚷着:“我要看表哥画大公鸡。”

唐娜·玛丽亚拿来水果,说:“你们吃水果,别嚷嚷。”

康查和玛丽吃上水果,嘴巴堵住了,便不出声了。

小毕加索调好颜色,开始作画。这次作画,他没有像以往那样急匆匆地涂颜料,而是先把大公鸡的轮廓勾勒出来,然后再涂色。

玛丽已经吃完了一个苹果,咂咂嘴巴,说:“表哥,你的大公鸡怎么是用铁丝做的呀?”

“是呀! 也没有羽毛呀!”康查也发现了问题。

小毕加索不回声,埋头勾勒着。

玛丽催促着:“快画呀! 怎么还是铁丝?”

小毕加索没听见似的,仍然仔细地勾着线条。

康查表妹没再吱声，嘴巴里还嚼着苹果呢！

渐渐地，大公鸡在墙壁上现出了它的完整形状——那是一只傲立在庭院里的大公鸡，头高昂着，脖颈向上挺拔着，嘴巴张开着，是一只正在啼鸣的公鸡。

大公鸡的形状勾勒完了，小毕加索没有忙着往上着色，而是从木板上下来，一本正经地对表妹们说："这叫勾线。"

"怎么不涂颜色？"康查指了下墙壁说。

玛丽也问："涂什么颜色呀？"

小毕加索抱着双臂，因为爸爸在欣赏自己的画作时总是这种姿势，此时他也学着爸爸的姿势，端详着墙壁上的草图。

"是啊！上什么颜色呢？"康查见表哥不吭声，追问了一句。

小毕加索瞥了表妹一眼，说："你们说上什么颜色？"

表妹俩对看一眼，一时答不上来。

"大公鸡的羽毛是什么颜色就上什么颜色呗！"小毕加索是在心里说的，可他没马上告诉她们，而是留了一个心眼。

玛丽想了想，说："大公鸡的羽毛是五颜六色的……"

"不对！"康查马上反驳道，"应该是白色的。"

玛丽说："白色的是白公鸡。"

康查见妹妹反驳她，有些不愿意了，说："我也没说是花公鸡呀！"

"我说的就是花公鸡。"玛丽撅起了小嘴巴。

"我还说是黑色的呢！"康查显然是故意想要气玛丽，"那是大黑公鸡。"

这回玛丽反驳康查说:“我还说是大芦花公鸡呢! 身上尽是灰色白色的斑点。”

小毕加索看着表妹俩斗嘴,觉着好玩,就双手托着下巴看热闹。

她俩吵着吵着吵没词儿了,嘴巴都闭上了。

“是不是还有别的颜色的公鸡呢?”小毕加索没听够她们吵嘴,故意挑火。

“别的颜色……”康查瞪了玛丽一眼,没说上来。

玛丽这下子更来劲了,她说:“说呀! 说呀! 你不是知道吗?”

“我知道也不说。”

“不说就是不知道。”

“知道知道。”

“不知道不知道。”

“你才不知道呢!”

“你才不知道!”

两个小姑娘越斗声音越高,脖子向前够着,就像两只斗架的公鸡。

小毕加索越看越来劲,竟然拍起手来。

两个表妹见表哥拍手,突然停止了吵嘴,莫名其妙地看着他。

小毕加索站起来说:“告诉你们吧! 我画的不是你们说的白公鸡,不是黑公鸡,也不是花公鸡……”

康查嘴巴快,马上接过去问:“那是什么公鸡?”

小毕加索下颏扬着，说："什么公鸡嘛……你们天天来看，不就看到了吗？"

"嗨呀！"康查摇摇头说，"气死人啦！"

玛丽瞪了表哥一眼，说："不说就不说，我不生气。"

"好啦！好啦！"小毕加索觉得不能让表妹们扫兴，眼珠转转说，"我给你们剪大公鸡怎么样？"

"用剪刀剪？"康查兴奋起来。

"我知道，是用纸来剪。"玛丽说着拍起小手。

虽然小毕加索与表妹们的年龄相仿，可还是有哥哥样儿的，他找来剪刀、纸张，开始给她们剪大公鸡。

虽然他的小手使用剪刀还不那么顺手，刚开始剪纸时，嘴角都跟着使劲，以致面部的肌肉都扭曲了，可他剪得很认真，最后还是剪出一只大公鸡来。

"呀！"康查看着一只大公鸡在表哥的剪刀下很快剪出来了，很惊叹。

"这个大公鸡给我。"玛丽抢先伸手来要。

"不嘛，给我。"康查不让。

小毕加索说:“别抢啊！我再给你们剪一个。”

“我要一个小毛驴。”玛丽冲康查“哼”了下说,“比大公鸡还好。”

“我剪小毛驴。”小毕加索再拿起剪刀,又是几下就剪出了一头小毛驴,他在手里晃着递给玛丽,“看,漂亮不漂亮。”

“漂亮!”玛丽拿过去,也在手里晃动着,“比大公鸡漂亮多了。”

她是在气康查。

“我还要。”康查冲表哥伸出小手。

玛丽也不示弱,也伸出手说:“我也还要!”

“要什么,你们说。”小毕加索“咯嗒咯嗒”地绞着剪刀说,“我都会满足你们的。”

于是,在表妹们的要求下,小毕加索接连地给她们剪出小猫、大狗、松鼠等小动物,还有爬行的小孩、拄拐杖的老人、拿枪的士兵……

哇！小毕加索简直成了小剪纸家了,让表妹们直咂舌,早把在墙壁上画大公鸡那茬忘到天上去了。

表妹们拿着表哥给她们剪的“好玩意”,乐颠颠地回家了。

小毕加索望着她们的背影,心里头甜滋滋的,像抹了蜂蜜似的,是桂花蜜那种,散发着清馨的花香。

表妹们走了,屋子里只有小毕加索一个人,显得有些空寂。

妈妈干什么去了?

她上街买菜去了,要不晚饭就会没有菜可做了。

小毕加索登上木板,接着修改大公鸡的轮廓。

他以前画画总是急匆匆的,随意地画,想到哪儿就画到哪儿。可这次不知怎么改变了已经习惯的画法,变得格外认真起来。

那只大公鸡呢?

嘻嘻!

你看,它不知什么时候正站在窗台上往屋子里看呢!

小毕加索一扭头发现了它,说:“班尼。”他叫它班尼。

“咯咯!”

班尼叫了一声,是在回敬小毕加索的问候吧!

“我正在画你呢!”小毕加索扭回头,自己咕哝着,“可别怨我把你画丑了呦!”

“咯咯!”

班尼是有些不高兴,它看到了墙壁上那只丑陋的公鸡。什么呀!那是用铁丝编成的。怪呀!这家伙,怎么跟玛丽的看法一样呀?

“等我画完了就跟你一样了。”小毕加索举起画笔冲大公鸡点点,“上完颜料就是你了。”

话音刚落,门开了。

爸爸回来了。

“噢!”爸爸一眼就看到了墙壁上的公鸡轮廓,大声地叫了起来,“我儿子画的是什么呀!”

其实他已看出那是一只大公鸡。

“何塞先生，你看呢！”小毕加索歪着头问爸爸。

爸爸还没回答，唐娜·玛丽亚迎过来，说：“亲爱的，饿了吧！晚饭已经做好了。”

“辛苦你了，玛丽亚。”唐·何塞吻了妻子一下，回头对儿子故意说，“爸爸没看出来呀！”

小毕加索指了下窗外，说：“班尼，大公鸡班尼。”

“噢！大公鸡呀？”爸爸故意问，“怎么没有羽毛呢？”

“明天我就会让它长出来的。”小毕加索挥动着画笔。

“爸爸祝贺我的儿子毕加索把大公鸡画成功。”爸爸搂过儿子，亲了他一下额头，“肯定会画得非常漂亮。”

“一定会的……”小毕加索很自信。

吃晚饭时，唐·何塞不停地扭头看看儿子还没完成的杰作，他感到很自豪，因为有个从小就爱上绘画的儿子，而且还是个非常努力的儿子。

在爸爸的鼓励下，接下来的几天时间，小毕加索把全部精力都放在了画大公鸡上。每一笔都画得那么认真，每根羽毛都画得那么仔细，每一笔色彩都涂得那么用心。

奇怪，这几天表妹们没来。

一只色彩鲜艳漂亮的大公鸡跃然墙壁上，班尼在窗台上看到了，左看右看，它奇怪了，我怎么会跑到墙壁上去了？到墙壁上还会飞吗，还会跑吗，还会叫吗？噢！那个小家伙肯定是个魔鬼，用魔法把我变到墙壁上去的。我得赶快逃走，要不把我变成一只烧鸡就再也不能飞，不能啼鸣了。班尼不敢往下想，一扑棱翅膀，飞走了。

“表哥，我们来啦!”

随着康查和玛丽的声音传来，她们已经到小毕加索跟前了。不用问“大公鸡画得怎么样了”，她们的表情最能说明问题，四个眼珠简直凝固成蓝宝石——惊呆了。

阅读思考

① 可以把兴趣当做游戏吗?

② 鼓励对一个人的斗志有哪些作用?

第六章　校规是一根绳子

好学生都是遵守《校规》的，反过来，不遵守《校规》的就不是好学生了吗？

没有哪位校长、老师喜欢不遵守《校规》的学生。是的，一般来说不遵守《校规》的孩子就“不是”好孩子，那么在他的脑门上就会被刻下“坏孩子”的烙印。

让小毕加索最烦恼的是，刚一迈进校门，迎面而来的就是墙壁上的《校规》。他没料到上学还要受那么多的管制，太难受了。

7 岁了，中国小孩 7 岁大都上小学了。外国小孩也一样，7 岁不上学，在家疯跑，那还不跑成野孩子呀！

小毕加索转眼就到 7 岁了。

“送你上学吧！”爸爸对儿子说。

小毕加索虽然看见比他大的孩子都上学了，可他对学校还没有认识。在他的印象里，学校就是一个大院子，把孩子们关进去,一天都不让出来。他还从学校大门口看到让他不解的情形——“丁零! 丁零!”一个老头手里摇响铜铃铛,不大会儿,一群群孩子就一个个从教室涌出来,像水冲出闸门似地往外喷。

为什么往外喷呢?

在教室里给憋坏了。

把谁关在屋子里不让出来,谁愿意呀!

孩子们跑到操场上,追逐、打闹、游戏,不大会儿,老头儿又摇响了铜铃铛,孩子们又蜂拥着跑回教室。

教室的门关上了,操场上一片寂静。

“我也要被关进教室吗?”小毕加索问爸爸。

爸爸一愣,心里说:“儿子怎么会把在教室里上课叫‘关’呢?”可嘴上却说,“不是关,那是在上课。”

“上课好玩儿吗?”小毕加索突然问。

“你想想,和那么多小朋友在一起,不好玩吗?”爸爸拐着弯说,“和小朋友们一起学习功课、一起做游戏、一起放学……”

“一起画画吗?”

“也画画呀! 你肯定要比他们画得棒!”

“我比他们棒?”

“当然棒啦!”

“康查和玛丽表妹也上学吗?”

“她们还要等一年再上学。”

“那我也等一年再上学。”

爸爸一听着急了,说:“那可不行。”

小毕加索跟表妹们玩惯了,一时还离不开她们。

“再等一年,你年龄可就大了。”

“年龄大有什么不好?”

“你看啊,你比人家大,个子也高,跟比你小好多的孩子在一起上学,那多羞呀!”

“个子高就羞?爸爸比我个子还高呢!羞不羞?”

爸爸笑了,抚摸着儿子的头,找到了说服儿子的突破口,他说:“你画画比他们强,他们都会羡慕你呢!”

“真的?”

“真的!”

“那好,我就上学。”

唐·何塞终于说服了儿子。

第二天,爸爸把书包给儿子背上,领着他朝马拉加市的一所公立学校走去。

走在路上,小毕加索没有安静的时候,不是踢一下石子,就是抓一把树叶顺风扬起;不是哄一下树上的小鸟,就是翻一个跟头。害得爸爸不停地提醒他,当心被马车撞到。

来到公立小学门口,爸爸让儿子先站住,仰头看着学校的牌子,指点着说:“这是马拉加市第一公立学校。”

“第一学校就什么都第一吗?”小毕加索发问。

爸爸解释说:“第一是第一,不是第一的第一。”

小毕加索糊涂了:“不是第一,那是第二?”

“也不是第二,是第二前面的第一。”

“那是什么第一呀?”

“就是……”

爸爸被儿子给问蒙了,伸出手,五指张开,掰着手指接着解释:“大拇指是第一个,食指是第二,中指是第三……”

小毕加索也掰着手指接着说:“无名指是第四,小拇指是第五。这我早就知道。”

“好啦!”爸爸见越解释越乱,便说,“第一学校就是个名字,就像你叫巴勃罗·毕加索一样。”

小毕加索马上问:“真的一样?”

爸爸说:“真的。”

“那就叫巴勃罗·毕加索学校呗!”小毕加索说着,嘿嘿地笑。

“恶作剧。”爸爸拍了一下儿子的头,“走!进去吧!”

父子俩刚走进校门,校长早就等在那里了。

“您好,校长先生。”唐·何塞与校长握过手,对儿子说,“这是布拉斯校长。”

小毕加索瞥了眼布拉斯校长,见他是个比爸爸年龄还要大很多的老头,稀疏的山羊胡子就像墙头上的野草,眼镜卡在鼻梁上,如果不是用一条链子拴在耳朵上,恐怕随时都会掉下来。

“怪物。”毕加索心里暗说,可嘴上还是叫了声,“您好,布拉斯校长。”

布拉斯校长把眼镜往上推了下,但目光还是从眼镜上边打量小毕加索,问:“你叫什么名字?”

小毕加索没吭声。

爸爸捅了下儿子,说:“快告诉校长。”

小毕加索故意说:“我是怕校长记不住我的名字。”

布拉斯校长说:“说吧!说吧!我会记住的。”

“那我说了。”

“说吧!”

“我的名字叫:巴勃罗·迭戈·何塞·弗朗西斯科·德·保罗·胡安·尼波穆塞诺·玛利亚·德·洛斯·里美德斯·西普拉诺·德·拉·圣塔西玛·特里尼达德·马尔提尔·帕特里西奥·克里托·路易·毕加索。”小毕加索一口气说完,抬头问,“尊敬的校长先生,记住了吗?我的名字。”

这么长的名字,就是小毕加索本人,也是费了好大劲才记住的,校长只听一遍,他就是神人也记不住呀!

布拉斯校长摇头,咕哝着:“噢!毕加索,姓毕加索。”

“那是我妈妈的姓。”小毕加索说。

布拉斯校长的目光转向唐·何塞,问:“怎么?”

唐·何塞说:“我尊重我的妻子。再说,姓母亲姓没什么不好。”

布拉斯校长点点头,说:“我很敬佩您对妻子的感情。毕加索,以后就叫你毕加索了,不要你那长长的名字了。”

小毕加索说:“早就该这样。”

“来吧!”布拉斯校长对小毕加索说,“上学第一件事就是要先记住《校规》。”

“‘校龟’?”小毕加索跟在校长屁股后头,问,“学校还养乌龟? 是海龟,还是陆地龟?”

布拉斯校长猛地回头,眼珠快从眼睛里蹦出来了,说:“是《校规》,不是什么乌龟。”

“那是什么龟?”小毕加索糊涂了。

“《校规》就是学校的纪律。”校长把小毕加索领到一堵墙前,指着上面的一块四方形木板说:“这就是《校规》。”

爸爸在一旁开口了,说:“巴勃罗,听校长说,要牢牢记住啊!”

布拉斯校长开始念叨《校规》:1.上课要注意听老师讲课,不许说话、乱走、溜号;2.发言要举手,不许扰乱课堂;3.大小便要请假;4.要讲究文明,不许说脏话;5.上课不许玩玩具、看课外书或做与听课无关的事情;6.上课不许乱写乱画……

“这么多规矩呀!”小毕加索在心里说着,忍不住打断校长的话,“上美术课也不许画吗?”

布拉斯校长“哏儿”一声像往下吞整个鸡蛋噎住了一样,他抻了抻脖子,咽了两下没咽下去。他狠狠地瞪了小毕加索一眼,说:“我说的不是美术课,是其他课。”

美丽的数学老师指着毕加索的数学作业本，很生气，因为毕加索把她画在了作业本上，而且将她美丽的嘴角画得不是上挑，而是垂下来。一旁的毕加索站在那里得意洋洋的，因为他觉得自己没错。

名家名言

一个人不可能同时是“今我”和“故我”。

名家名言

我们总是处于善恶是非的交织中，不管怎么样，善恶是非本身之间是互相脱不了干系的。

“有语文课、数学课、自然课，还有‘其他’课？”小毕加索认真地问，“‘其他课’学什么呀？”

“得了得了。”校长头摇得跟茧蛹似的，不耐烦地说，“把《校规》记牢，如果有犯，严厉处罚。”

小毕加索问：“怎么处罚呀？”

布拉斯校长脸绷着说：“《校规》规定了，当学生严重触犯校规时，传统的惩戒方式是，遣送不肖学子在家反省一星期。”

小毕加索一听乐了，说：“才一个星期呀！多一点儿不好吗？”

本来长得瘦瘦的布拉斯校长，这时已迅速胖了起来。怎么着？肚子气鼓了。

来到教室，小毕加索一看，满屋都是陌生的面孔，怎么一个都不认识？“要是表妹也来上学就好了。”他正暗暗地想着，安吉拉老师把他分到一个大个子男生的座位旁。

这个男同学个头要大小毕加索一圈，足足能装下他。特别是脑袋很大，比猪头还要大。

“猪头。”小毕加索在心里咕哝。

猪头碰碰毕加索，问：“你叫什么名字？”

“我的名字叫巴勃罗·迭戈·何塞·弗朗西斯科·德·保罗·胡安·尼波穆塞诺·玛利亚·德·洛斯·里美德斯·西普拉诺·德·拉·圣塔西玛·特里尼达德·马尔提尔·帕特里西奥·克里托·路易·毕加索。你呢？”

“我……”猪头显然是被毕加索长长的名字给镇住了，嘎巴好半天嘴巴才说,“这么长的名字,怎么记住呀!噢!我叫卡罗。”

“卡罗,我的整个名字记不住,就记我的姓——毕加索吧!”毕加索算是饶了猪头。

“毕加索。”猪头叫了声。

“卡罗!”毕加索也回敬了一句。

“同学们,不许说话啦!”安吉拉老师长得很漂亮,嘴唇更漂亮,可从她漂亮的嘴唇里吐出的语气可不漂亮。

既然长得漂亮,毕加索就欣赏她的漂亮,而听不惯她那凶巴巴的语气。于是,他开始打量安吉拉老师——金色头发,蓝蓝的眼珠,身材修长得如一株白桦树,挺直的鼻梁让他联想到希腊女神雅典娜的鼻子,特别是微微上翘的嘴角很有让人心动的魅力,长长的睫毛忽闪忽闪地让你感到有海风吹过……

“巴勃罗·毕加索!”

“巴勃罗·毕加索!”

安吉拉老师叫了两遍,虽然毕加索的眼睛盯着她,可耳朵却没在听。

卡罗碰了下毕加索,低声说:“老师叫你呢!你的名字?”

“噢!”毕加索这才反应过来,说,“老师,我是巴勃罗·迭戈·何塞·弗朗西斯科·德·保罗·胡安·尼波穆塞诺·玛利亚·德·洛斯·里美德斯·西普拉诺·德·拉·圣塔西玛·特里尼达德·马尔提尔·帕特里西奥·克里托·路易·毕加索。”

“啊！啊？”全班同学都张大了嘴巴。

“不过，这么长的名字只有我自己能记住，太长啦！”毕加索摊开双手说，“没办法，就叫我巴勃罗·毕加索好啦！”

让人头疼的毕加索的名字问题总算告一段落。

他的名字让老师和同学们头疼，接下来是《校规》让他头疼。

是啊！上学对毕加索来说，压根儿就是一种折磨。他是个一刻也安静不下来的孩子，可《校规》就像一根绳子，把他死死地捆在椅子上。坐不是，站也不是，怎么都不是，浑身不自在。

安吉拉老师刚开始讲课，毕加索就把画笔拿出来，他是怎么也按捺不住要画老师的冲动，她太漂亮啦！可是，刚刚画了一只眼睛，就被老师发现了。

“巴勃罗，你，站起来！”老师的语气是命令。

毕加索站起来了。

“你在做什么？”

“看您的眼睛。”

“不是看我的眼睛，要用耳朵听我讲课。”

“耳朵看不见。”

“用耳朵听，听我讲课。”

“可您的眼睛很迷人……”

“哈哈哈！”

同学们大笑。

安吉拉脸红了。

毕加索还是坚持说:“是很漂亮迷人嘛!”

“《校规》第一条就是上课要注意听老师讲课,不许说话、乱走、溜号。”老师走到毕加索书桌前,拿过毕加索刚刚画完的一只眼睛,看了看,说:“不遵守《校规》,理当受罚。量你是初犯,罚站就免了,以后注意别溜号,别做与课堂无关的事。听懂了吗?”

“安吉拉老师,您的眼睛真的很漂亮。”毕加索的眼睛还是没离开老师的眼睛。

“哈哈哈!”同学们又是大笑。

“你……”安吉拉老师的脸又红了,可这回是被气得涨红。

“我说的是真的……”毕加索觉得同学们笑得莫名其妙。

“请你坐下!”老师的语言客气,但语气严厉。

虽然安吉拉老师把毕加索的“一只眼睛”没收了,可在毕加索心里还是策划着要把老师画下来,而且要画得与她真人一样美丽。

整堂课,安吉拉老师讲的是什么,毕

加索什么也没记住。

“丁零零！丁零零！丁零零！”

下课铃声终于响了。

同学们潮水般涌出教室。

毕加索像鱼儿一样顺水游出教室，憋了一堂课的他终于得到放松的课间时间了，便撒腿在操场上绕着圈儿疯跑。

“毕加索！毕加索！”卡罗想追上毕加索，可无奈他的身体重量拖住了他的双腿，怎么也追不上，索性便不追了，站在那里截住了毕加索，问，“毕加索，你跑什么呀！”

毕加索站在卡罗面前，喘着粗气说：“再不跑，我就变成椅子了。椅子腿儿能跑吗？”

“当然不能。”卡罗提醒说，“毕加索，可不能再犯《校规》了。安吉拉老师可厉害着呢！”

“我更厉害。”毕加索一挺胸脯，悄声说，“我画画画得厉害。”

“真的？”卡罗不相信。

“等我把老师画完了，你就相信了。”毕加索拍了下卡罗坚实的臂膀说，“也会把你给画下来的。”

“真的？”卡罗还是不相信。

“但是你没安吉拉老师漂亮。”

“老师是美女，我不是，当然不漂亮啦！”

“丁零零！丁零零！丁零零！”

上课铃声又响了。

同学们又潮水般涌入教室。

毕加索不想再进教室，可自己是个学生，不进教室上哪儿去呀！

阅读思考

① 也许“反抗校规”是毕加索个性形成的开始，但他要不要遵守《校规》呢？

② 毕加索在课堂上画老师，对吗？你怎样看待这件事？

第七章　画满图画的作业本

作业，是毕加索遇到的第一个魔鬼。

可哪有小学生不写作业的呀！

毕加索就不写。

不写，那怎么完成作业呀？

画画呀！

哇！美术作业画画没说的，可语文作业画画，数学作业画画，能行吗？

那叫不完成作业，是违犯《校规》。

毕加索心里跟明镜似的，可就是偏偏要违犯《校规》，在作业本上画满图画。

第一次交作业就把安吉拉老师给气坏了。她翻开毕加索的数学作业本，映入她眼帘的是什么呀！让她惊讶、惊奇、惊诧……美丽的嘴角不是上挑，而是垂下来，但漂亮的眼睛还是依然迷人的，因为在毕加索眼里她是迷人的。

“难道这就是你的作业吗?”安吉拉老师细细的手指点着作业本问毕加索。

“是啊!”毕加索不慌不忙地说。

“什么作业?”安吉拉老师声音提高了。

“我的画画作业呀!”毕加索的声音也高了。

“是你的画画作业,也罢!可你的数学作业呢?”老师追问。

毕加索只好坦白:“我不爱做数学作业……”

“那好!”老师退了一步,指着墙角说,“请毕加索同学到那里站着吧!”

“是处罚吗?”

“是让你清醒清醒。”

“我很清醒啊!”

“清醒?把数学作业当画来画?”

毕加索只好到墙角那里清醒去了。

安吉拉老师看着毕加索后背说:“以后不可以再犯此类错误。”

“谢谢老师。”

毕加索被惩罚,还要谢谢老师呢!

“好啦!”老师转身面对学生们说,“完成作业,才能把老师讲的课程牢记在脑子里,才能增长知识。当然了,也是做学生的本分。希望大家不要像毕加索这样,不完成作业,还有一套自己的说辞。”

毕加索站的墙角不是教室的后头,而是讲台前的左侧。同学们看到老师就会看到他。如果站到后面,同学们就看不到,罚站就起不到杀一儆百的效果了。可是,毕加索往前一站就更坏事了。

“哈哈哈!”

安吉拉老师正往黑板上写字,突然教室里爆发出哄笑声。她转身看同学们,怎么了?

同学们还是大笑不止,都指着墙角里的毕加索。

老师没有料到的是,引发学生大笑的是被惩罚者。罚站怎么会让学生们哄笑呢?她哪里知道,当她讲课时,毕加索也没闲着,先是扭屁股,接着猛地一转身,他的脸已经变成黑一道白一道的“鬼脸”了。

“毕加索,你转过身来。”安吉拉老师真的生气了。

毕加索听话,转身过来,老师也憋不住要笑了,可她还是忍住了。

怎么?

毕加索刚才的“鬼脸”,现在已经变成“大花脸”了。他趁老师问同学们时,把脸上的黑白色彩用手一抹,还不变成“大花脸”呀!

“快去把脸洗干净。”安吉拉老师手往外一指。

毕加索巴不得离开教室呢!痛快地回答:“是!老师。”

老师把门关上,接着讲课。

毕加索出去了好半天,还不见回来。

他干什么去了?

毕加索到水房把脸洗干净,便来到操场上。操场四周是高大的香花槐和红槐树。“叽叽啾啾!”树上的鸟儿吸引住了他。

在树枝间,有两个圆圆的亮点,黄色的亮点。走近细看,是一只猫头鹰。确切地说是一只长耳鸮。

“真好玩。”毕加索在心里说着,便蹲下来仰头望着长耳鸮——长耳鸮是夜行猛禽,白天一般都是蹲在树枝间不动,而且大多是藏在稠密的树枝里。由于树枝遮住了阳光,它的眼睛就显得发亮。

真是可遇不可求,该着让毕加索遇到了。“这个机会可不能错过。”他对自己说着,开始仔细观察这只体长有40cm左右的长耳鸮。

在他的眼里,与其他大多数鸮类一样,长耳鸮的颜色也是非常暗的褐色和黑色,上身的羽毛以棕褐色为基色兼具黑色棕斑,下身的羽毛颜色较浅,以黄褐色为基本色,还有较细弱的黑色纵斑;双足被羽毛覆盖着,一直到足趾;长耳鸮的特征主要集中在它的面部,面盘非常明显。所谓面盘是鸮类面部一圈特殊的羽毛,非常紧密地排布在一起成一个平面,形成貌似猫脸

的结构。要不怎么叫它猫头鹰呢！在头部两侧的是长耳鸮非常大的耳孔，隐藏在耳羽之下。让毕加索感到有趣的是，在长耳鸮的面盘上，双眼之间的羽毛白色形成一个大大的白色“X”，这是其他鸮类所不具有的。长耳鸮的头顶有两簇黑黄相间的耳状羽，耳状羽很长，高高地树立在头顶非常显眼之处，要不怎么叫它长耳呢！

观察有一会儿了，毕加索环顾一下四周，要找什么？纸和笔呀！他想要把长耳鸮画下来。可是，老师让他洗脸，没让他画画呀！

于是，毕加索便在心里“画”了起来，先画眼睛，再画脸部，最后画身体……一笔一笔画得连一根羽毛都没有落下。

当他画完了，下课的铃声也响了。

卡罗飞跑着来到毕加索身边，问：“你上哪儿去了？老师发火了。”

毕加索说：“我哪儿也没去呀！就在这里呀。”

“看着吧！”卡罗说，“老师告诉校长，不开除你才怪。”

“我喜欢被开除。”毕加索的回答让卡罗惊讶得眼睛瞪得跟长耳鸮似的。

卡罗没错说，安吉拉老师把毕加索的表现反映给了布拉斯校长。校长是个执法分明的人，哪能容得毕加索这样的学生无视《校规》呢！中国有一句俗语：一条鱼腥一锅汤。不能让毕加索一个人影响市第一公立学校的名声。

唐·何塞被校长叫到学校。

“对不起，唐·何塞先生。”布拉斯校长给唐·何塞让过座，还递上一杯咖啡，说，“可我还是要说，您的儿子毕加索必须离开这所小学。”

“孩子还小……”唐·何塞已经知道了儿子违反了校规，但还是请求校长，“能不能再观察一个星期？”

布拉斯校长往上推了一下眼镜，说：“既然他要画画，就跟着您去画画吧！我尊重孩子的兴趣，也尊重他的选择。”

“校长，您看还是给他一个机会吧！”唐·何塞还是尽力争取着。

“兴趣是推动人们认识事物、探求真理的重要动机。兴趣可以使人产生巨大的积极性，也是追求理想的动力。”安吉布拉斯校长给唐·何塞讲着道理，“这孩子酷爱画画，如果上美术学校加强培养，也许将来会成为一个大画家呢！”

校长说到这份上了，唐·何塞再也无话可说，把毕加索领回了家。

在离开教室时，毕加索走到安吉拉老师跟前，盯着她漂亮的眼睛说：“老师，对不起，我还没给你画像呢！”

安吉拉老师此时心里也不好受，因为是自己把这个孩子给驱出学校的。于是安慰着毕加索：“别埋怨老师，你会到一个更好的学校，更好地学习画画的。”

毕加索到卡罗跟前，拍拍他宽大的肩膀，说：“再见啦！我们以后还是好朋友。”他说这话时觉得鼻孔酸酸的，眼窝发热。

卡罗也拍拍毕加索，说：“我等你给我画像……”

在毕加索要走出操场时，突然扭头跑向红槐树，想再看一眼长耳鸮。可那棵树上的长耳鸮不见了，也许是到别的树上串门去了。

当毕加索迈出校门时，又看了一眼那块《校规》木板，猛地扭头，跑到爸爸前头去了……

阅读思考

① “偏科”在很多孩子身上都有体现，毕加索在“偏科”的路上走向成功，那么“偏科”好不好？

② 现在很多家长要孩子参加书法、绘画、舞蹈、写作、工艺制作、音乐等多种艺术门类的课外学习，这对孩子的成长有好处吗？

第八章 转 学

让唐·何塞烦恼的并不是儿子被学校辞退，而是丢不起那个人。当他把儿子往家领走过街道时，人们当面不会说什么，可身后的议论会飘进耳朵里的。

“听说唐·何塞的儿子被学校开除了。”

“写数学作业，本子上都是图画。”

“上课不听讲，捣乱……”

“这孩子是不是脑子有问题……”

唐·何塞是个很好面子的人，这些议论让他听了扎心。

毕加索可不在乎，边走边看着路边的树，他还在寻找那只长耳鸮。

“快走！”唐·何塞心烦，催促着儿子。

唐·何塞拉着儿子逃跑似的回到家，往椅子上一坐，便闷闷地抽起烟斗。

妻子过来安慰丈夫：“再找一个学校就是了，为什么要生气呢？儿子还小，慢慢就会知道学习了。”

“我是生气，可又不是生气。”唐·何塞猛地吸一口烟。

“不生气，你这是干什么？”

“让我静静好吗？亲爱的。”

“好啦，好啦！你看儿子在画什么？”

夫妻的目光转向毕加索，他在画什么？是长耳鸮。

毕加索一进屋就到画架前，拿起铅笔画起了长耳鸮，这时他已经把长耳鸮的两个圆圆的眼睛画上去了。

唐娜·玛丽亚悄声对丈夫说：“别打搅他，让他安静地画吧！”

唐·何塞没再吭声，静静地抽着烟斗。

离开了学校，让毕加索感到仿佛挣脱了捆在身上的绳索，一到画架前就犹如鸟儿飞出了笼子，飞上了蓝天。

唐·何塞说他不是生气，是真的。那怎么还闷闷不乐呢？他在想，儿子上的是马拉加市的一所公立学校，这样好的学校他总也打不起精神来读书，作业也马虎应付，竟然用图画来代替作业；考试能躲则躲，能逃则逃；上课不注意听讲不说，还不遵守纪律，干扰别的同学听课……这让做父亲的忧心忡忡，他生怕儿子的前途毁在这里。没有知识、没有文化的人干什么能行呢！

烟斗里的烟丝抽尽了，他再装上，抽着想着……想着抽着……

想办法替儿子转学吧！

市立学校都不行，还上什么学校？

再说，如果人家知道了儿子是被市立学校辞退的，哪个还敢收？

他想着想着，忽然眼睛一亮，想到一个人——劳尔。

劳尔是唐·何塞的一位老朋友，在圣拉裴洛一所私立学校当校长。以前尽想着上公立学校了，怎么没想到他呢！

妻子过来把丈夫的烟斗夺过去，换上一杯咖啡，问："想出办法了？"

"劳尔，你还有印象吧？"唐·何塞接过咖啡喝了口。

唐娜·玛丽亚把烟斗熄灭，说："你的朋友我怎么不记得。"

"把毕加索送到他的学校。"

"明天吗？"

唐·何塞看了正在画画的儿子，说："刚刚离开学校……等两天吧！"

"是啊！"妻子理解丈夫的心思，说，"让他平静一下心情也好。"

很快，唐·何塞跟劳尔说好了，把毕加索送到他那里读书。

劳尔说："我的学校跟公立学校不同，管理可严着呢！"

"我就是照着管理严格才到你这里来的。"唐·何塞说，"不瞒你说，我的儿子毕加索因为违反校规，才被市第一公立学校劝退的。"

"违反校规？"劳尔在鼻子里重重地"哼"了声，说，"再淘气不听话的孩子，到我这里也要叫他变成绵羊。"

“巴勃罗到你学校，你就放手来管。”唐·何塞说，“他要是违反校规，你就狠狠地处罚，毫不留情。”

“有老兄这句话，那我可就……”

“重重处罚！”

“要是过重了，到时候老兄可别……”

“我不会有半点怨言。”

“你不心疼就行。”

“拜托！我的儿子就当你的儿子来管教。”唐·何塞紧紧握住劳尔的手，连连说，“拜托拜托！”

从劳尔那里回来，唐·何塞到画架前看儿子的猫头鹰画得怎么样了。

毕加索已经用线条勾勒完长耳鸮的形状、羽毛，下一步就是着色了。他见爸爸站在身后，问：“爸爸您看，我画得怎么样？”

爸爸点头，夸奖着：“很棒！”

“上完颜色更棒！”毕加索也不谦虚。

爸爸把手放在儿子的头顶上，说：“明天，我们明天要去圣拉斐洛私立学校。”

毕加索脸上的表情阴沉下来，说：“又要我上学是吧！学校不亚于笼子，关鸟儿的笼子。”

“蓝天早晚是你的。”唐·何塞抚摸着儿子说，“我把你托付给圣拉裴洛私立学校校长劳尔先生了,他可是一个非常严厉的人。你可要当心……"

毕加索明白爸爸所说的"当心"的含义,说:"只要不限制我画画,什么校规我都会遵守的。"

"这就好……"唐·何塞说着给儿子收拾书包。

第二天,早晨起来就下起了雨。

唐·何塞打着雨伞,领着儿子来到圣拉裴洛私立学校。

校长劳尔真的很凶,毕加索一看他的眼睛就给出了"猫头鹰"的印象。

劳尔不说什么,只是用猫头鹰的眼睛盯着毕加索,直到把毕加索的目光给逼得退却。"好吧!跟我来。"然后他对唐·何塞说,"你不要跟来。"

毕加索进了教室,迎面而来的班主任老师跟安吉拉老师一样——都是女的。可非常非常的不一样——安吉拉老师非常漂亮,可这位是个老太太,脸上的皱纹会让你联想到核桃。

"丑陋的老太婆。"毕加索在心里嘀咕。

"巴勃罗你好!我叫艾兰。"老太婆伸出手。

毕加索看到了一只"鸡爪",可还是把自己的手伸出去拉住"鸡爪",说:"艾兰老师,您好!"他很想把自己长长的"巴勃罗·迭戈·何塞·弗朗西斯科·德·保罗·胡安·尼波穆塞诺·玛利亚·德·洛斯·里美德斯·西普拉诺·德·拉·圣塔西玛·特里尼达德·马尔提尔·帕特里西奥·克里托·路易·毕加索"名字给"核桃"老太婆展示一下,可见她长得太可怜了，只好作罢。

艾兰老师拉着毕加索走向书桌，一个人坐的书桌。这样的安排是劳尔的意思，如果毕加索淘气，干扰的不能是别人。

毕加索坐在那里，感觉还不错——劳尔校长没向他宣读《校规》，艾兰老师也没跟他讲“纪律”，而且是自己一个人一张书桌，别的同学可是两个人一张书桌呀！为此，他有些得意。人要是在得意时，会变得很乖巧。当艾兰老师讲课时，他静静地坐在那儿，给老师一个“认真听讲”的假象。

“巴勃罗也不像说的那样啊！”艾兰老师看了一眼毕加索，心里说，“这孩子还是很听话的嘛！”

可是，艾兰老师看错了，以后的麻烦让她始料不及……

阅读思考

① 不同的生活、学习环境对一个人的成长有哪些影响？

② “读万卷书，行万里路”被看成为阅历，你有哪些阅历？

第九章　藏在天棚里

毕加索一个人坐独立的书桌，他干什么老师没有过问，核桃老太婆只是在经过他的书桌时瞥上一眼，见他在画画，不干扰别人就是个好孩子。

墙壁上的挂钟嘀嗒嘀嗒地走着，毕加索一张一张地画着。

下课了，别的同学涌出教室，可毕加索还是坐在那里埋头画画。

画什么呢！

毕加索对“核桃”老太婆产生了兴趣，便想象着要把老师画成一个核桃。于是，在他的想象中，《核桃老师》渐渐地成形了。

“丁零零！丁零零！丁零零！”

下课铃声响过，别的同学都跑出了教室，到操场上玩儿去了。

教室里就只剩下毕加索一个人了。

他还在画,核桃老师就要画完了。

“丁零零! 丁零零! 丁零零!”

上课铃声响起,同学们涌入教室,很快就有同学发现在后面墙壁上有一幅画儿。

“快来看啊! 核桃!”

同学们挤到画前看着,议论着。

“不是核桃,是人像。”

“像谁呢?”

“看头发、眼睛、脸……”

“哇! 是老师,艾兰老师。”

忽然,教室里鸦雀无声。

艾兰老师进来了。

一个同学偷偷地指指墙壁上的画像,把老师的目光引了过去。

艾兰老师走到画像前,仔细地看了会儿,到毕加索书桌前,问:“是我吗?”

“您看呢?”毕加索好像是在征求老师的意见,“不像吗?”

“我有这么丑陋?”艾兰老师很沉着,“不过……从漫画角度来讲,抓住了我的面部特点——皱纹。还是很像的。”

“谢谢老师的肯定。”毕加索竟然给老师敬了个礼。

“但是……”老师严肃起来，“没有经过我的允许，你是不可以把我的画像张贴在墙上的。”

“不可以……”毕加索想听为什么“不可以”。

艾兰老师把嘴巴贴近毕加索耳朵，低声说：“是侵犯人权。”

“侵犯人权？”毕加索头一次听到。

艾兰老师绷起脸，但没有把核桃纹绷直，说：“这是决不允许的。法律规定的，人权是不可侵犯的。你要懂得。”

“那就是说不许我画您了？”毕加索问。

“画可以。”老师说，“但不许丑化，更不允许张贴。”

毕加索不做声了。

艾兰老师敲打一下书桌，转身到讲台上讲课去了。

让毕加索没想到的是，这样一个干瘦的老太婆竟然会这么厉害，可你厉害，我更厉害。他不再画了，却坐在那里转眼珠子。

上课铃声响过，艾兰老师和同学们发现毕加索的书桌空空的，人不见了。

“谁见到毕加索了？”艾兰老师问大家。

都摇头。

此时，教室的门开了一条缝，一个头发乱蓬蓬的小脑袋探进来，“我可以进来吗？”

艾兰老师拉开门，说：“请进吧！”

毕加索赶紧溜回座位,站在那里对老师说:“报告老师,我上厕所了。”

“以后注意上课时间。”艾兰老师伸出“鸡爪”往下按按,“请坐。”

“哎哟!”毕加索捂住肚子,说,“老师我不能坐……”

“怎么?”

“我还要上厕所。”

“快去快回。”

毕加索捂着肚子跑出教室。

艾兰老师摇摇头,转身开始给学生们讲课。

不大会儿,毕加索上厕所回来了,静静地坐回座位。

艾兰老师没停止讲课,也没看毕加索一眼,跟什么都没发生一样继续给学生在黑板上讲着数学题。

“报告老师。”

艾兰老师回头,见是毕加索,问:“有什么事吗?”

“上厕所。”毕加索还是捂着肚子。

“快去快回。”艾兰老师很宽容。

毕加索又跑了出去。

艾兰老师的目光透过窗户盯着毕加索的身影,见他真的是进了操场边上的厕所,才扭头继续给学生们讲课。

“嗒嗒!”

艾兰老师正讲着,教室门敲响了。

“请进!”艾兰老师知道是毕加索,便没回头,接着讲课。

毕加索回到座位上没有5分钟就又叫了起来:“哎哟!”

艾兰老师停止讲课，转身盯着毕加索，厉声道："还是上厕所吗?"语气显然是不耐烦了，从她颤抖的声音里可以听得出。

"是的，老师。"毕加索的声音也带着颤抖，是故意发出的。

"那么……"艾兰老师叹了口气说，"这节课就不用回来了。"

"多谢老师!"毕加索说着，飞快地跑出教室。

老师说不用回来了，毕加索真的没回来，让艾兰老师急得在教室里直转圈，对同学们说："怎么不见了？同学们，快去找找他。"

同学们跑出教室，满操场去找。

正在办公室里的劳尔校长见满操场学生，出来问一个学生："你们在干什么?"

那个学生回答："毕加索不见了，艾兰老师让我们找他。"

"不见了?"劳尔校长觉得奇怪，来到教室问艾兰老师："艾兰女士，巴勃罗什么时候不见的?"

"都是我的不对……"艾兰老师说，"他一次一次地上厕所，我就说你这节课就不用回来了，他真的就没回来。"

"操场空荡荡的，会躲到哪里去呢?"劳尔的目光在操场上搜索着。

同学们和艾兰老师、劳尔校长找遍了学校每个角落，就是不见毕加索的影子。

人哪儿去了呢？难道飞了不成。

劳尔校长不敢怠慢,打电话到博物馆。“你儿子巴勃罗不见了。”他对唐·何塞说,“是不是跑回家了?”

唐·何塞赶紧回家,问妻子:“玛丽亚,你见到巴勃罗回来了吗?”

“没有啊!”唐娜·玛丽亚问,“发生什么事情了?”

“儿子不见了。”

“他不是在学校里吗?”

“是在学校,可是人找不到了。”

“没回家,那会去了哪里呢?”

妈妈急得抖动着双手,在屋里来回地走。

“别在家里来回走啊!”丈夫说,“我们快去找找吧!”

于是,夫妇俩出了家门,急匆匆地朝学校跑去。

学校里已经找遍了,难道毕加索变成空气蒸发了不成。

等唐·何塞和唐娜·玛丽亚夫妇赶到学校,劳尔校长冲他们摊开双手,耸耸肩,摇摇头,表示无话可说。

艾兰老师一个劲儿地说:“对不起!真的对不起。”

唐·何塞想了想,说:“不用找了。”

“怎么不找了?”唐娜·玛丽亚急得搓着手问,“儿子不知怎么样了,怎么不找?”

唐·何塞很沉着,镇定地说:“他自己会出来的。”

唐娜·玛丽亚四下张望着说:“巴勃罗会在哪儿呢?”

嘿嘿!在哪儿?只有毕加索他自己知道——

天棚。

房子都会有天棚的。

天棚是个很大的空间哪！

毕加索从厕所出来，他根本没有大小便，只是到厕所走了一趟。出来后望着空荡荡的操场，老师说不用回来了，那到哪里去呢？

他溜溜达达地来到墙根下，咦！墙壁上有一溜儿楔进墙里的“Π”形铁，手指那么粗，是梯子。于是，他好奇地攀上梯子，一直往上攀登，到了顶端是个小窗，便钻进了小窗。

那是房子的气窗。

哇！气窗里面是另一番世界——天棚。于是，他躺在天棚里，隐隐约约能听到从下面传来的读书声，当然还有老师的讲课声。

他听着听着，不知不觉睡着了。人睡着了就什么都不知道了，同学、老师、校长满天下寻找他，他也当然不知道的。

阅读思考

① 在课堂上不注意听讲，显然是不对的。你怎么看毕加索的“逃课”？

② 在毕加索的“逃课”中，他的哪些行为是值得肯定的？

第十章　鸽子飞进课堂

毕加索醒来时，天棚里暗得跟黑夜似的，他赶忙爬出气窗，登在铁梯子上望去，太阳已经在西天边上站着了！

一群鸽子从他眼前飞过，它们的翅膀被夕晖映照得变成金黄色，他看到鸽子划出一道道金线。

他从铁梯子上下来，见操场上一点儿声音都没有，赶忙跑到校门前，已经锁上了。怎么出去呢？他顺着围墙走着，终于发现了一个排水洞，便钻了出去。

当毕加索回到家时，已经亮灯了。

唐·何塞和妻子见儿子回来，谁也没开口说话，只是用审视的眼神看着他。

毕加索被看毛了，声儿低低地问："怎么了？"

他不知道在他钻进天棚之后，整个校园里发生了什么。

"你干什么去了？"唐·何塞问儿子。

毕加索坦白地说："我在天棚里睡着了……"

妈妈问:“到天棚里是在捉迷藏玩儿吗?”

“不是。”毕加索回答,“只是觉着好玩。”

爸爸说:“就是因为你觉着好玩,校长、老师、同学们把你找遍了。”

“东西丢了才找,我没丢呀!”毕加索感到奇怪,“找我干什么?”

妈妈说:“大家是担心你,关心你。”

毕加索说:“我不会有危险的,担心我干什么?”

“钻进天棚还没危险?”爸爸到儿子跟前,哈下腰说,“如果你从天棚上掉下来,摔伤了怎么办?”

“摔伤就上医院啊!”毕加索说得轻松。

“啪!”

唐·何塞的手高高扬起,不过没落在儿子脸上,而是重重地落在了桌子上。“哎哟!”他的手拍疼了,不停地甩动着。

“呵呵!”毕加索见爸爸那狼狈样儿,笑了起来,“干什么摔打自己的手啊!”

唐·何塞哭笑不得,往手上吹着气说:“这不是校规,是家规,巴勃罗你以后不准钻天棚了。”

"别让爸爸妈妈担心了。"妈妈嘱咐着。

"好的。"毕加索诚恳地回答,"以后,我不再钻天棚了。其实,那里面很黑,不是好玩的地方。"

"这才是好孩子。"妈妈搂着儿子说,"跟妈妈说,以后要好好学习,听老师的话。"

"我听妈妈的话。"毕加索依偎在妈妈怀里。

唐·何塞看着儿子这么乖,气也就消了许多,说:"巴勃罗,你不是喜欢画鸽子吗,爸爸给你做了个标本,你就照着标本画吧!"说着,从一个盒子里拿出标本来。

这是一个站立着的鸽子,雪白的羽毛,毕加索很喜欢,支上画架便画了起来。

就是因为太喜欢鸽子,毕加索在学校又惹祸了。

第二天,毕加索没用爸爸送,自己上学去了。路过广场,他见人们喂鸽子,便凑过去。鸽子跟人很友好,不停地落在人们的手里、肩膀上、头顶上。

一只灰色鸽子在毕加索头顶悬飞着,他一张开手,鸽子便落在了他的手上,他一抓,竟然抓到了。鸽子拍打着翅膀挣扎着要飞掉,可毕加索早已把它塞进了书包,这一切都做得很迅速,跑得也快。可没跑几步他又停了下来,他向一位老人要了些粮食,才离开广场。

毕加索进了教室,同学们都把奇异的目光投向他,这个秘密失踪的家伙,昨天把大家给搞得不得消停。

艾兰老师没有批评毕加索,反倒上前拉住他的手说:"对不起,巴勃罗,生老师的气了吧?"

毕加索摇头,说:“没有啊！我没生老师的气。”

“那你昨天去了哪儿?”艾兰老师语气和蔼。

毕加索指了下天棚。

“天上?”艾兰老师往窗外望了一眼。

“不。”毕加索摇头,“是天棚。”

“你在天棚里?”老师糊涂了,问,“怎么去的天棚?”

“我爬进去的。”毕加索不掩盖自己的行为,“墙壁上有一溜铁梯子,我就爬上去了。”

对毕加索的坦白述说,艾兰老师很有好感——这孩子敢作敢当,不撒谎,品质还是不错的。于是,她让毕加索回到座位上,便对全体同学说:“对于巴勃罗同学的行为,我提醒大家几句:一是教室外面墙壁上的铁梯子,我们谁也不要攀爬,以免失手摔伤;二是不能随意‘失踪’,以免让父母、校长和老师担心;三是有什么问题向老师提出来,老师会帮助你们解决的。大家记住了吗?”

同学们高声回答:“记住啦——”尾音拉得很长。

“好！下面我开始给同学们讲课。”艾兰老师转身在黑板上写字。

再说被毕加索塞进书包的鸽子憋了这么长时间了,一定不会很舒服,黑漆漆的还不怎么透风,谁愿意在里头待着呀！它也弄不明白,原本在广场上啄食,在天空里飞翔,我干什么要落在这个孩子的手上?好玩吗?不好玩。于是,它就想着往外拱,往外钻,可一切都是徒劳,便开始“咕咕”地叫起来。

由于鸽子还在书包里,它发出的声音发闷。

"咕咕！"

同学们听到了熟悉的声儿，怀疑是谁偷偷放屁了。谁敢故意在教室里放屁呀！那要是被人发现了，多羞啊！于是，当有屁的时候，尽量憋，憋到下课，到厕所随便放，有多大声儿就放多大声儿。可在教室里，有屁憋着，屁股要使劲往下坐，不留一点儿缝隙。如果实在憋不住了，也要把"阀门"放小，一丁点一丁点往外挤，不出声就好，不被别人发现就好。

此时，教室里竟然响起"咕咕"声儿，让同学们左顾右盼，是谁？

艾兰老师在黑板上写完字，回头见同学们左顾右盼地不注意听讲，便问："发生什么事情了吗？"

有些学生下意识地捏鼻子。

没什么气味捏鼻子干什么呀！

艾兰老师见学生捏鼻子，就猜到有的同学"放气"了。于是过去把教室门打开了，说："人体排气是消化系统的自然现象，没什么可大惊小怪的。"

"咕咕！"

怎么还有人胆敢公开"放气"？

艾兰老师向"放气"声儿走过去，可那声儿让她吓回去了，现在没声了。

其实，不是老师给吓的，是鸽子叫了几声见没人搭理它，便想省省气力吧，一会儿说不上会把我放出来，留着力气好飞走啊！

于是它不叫了。

艾兰老师巡视一遍，没发现可疑的同学，接着讲课。

毕加索也急，他是急着把鸽子拿出来玩儿，当然也是想要画它，要不把它抓来干什么。他把手慢慢伸进书包，鸽子见有动静了便拼命往外钻。

毕加索当然不会让它随便钻出来，就把鸽子粮食放进书包，鸽子有吃的了就不会乱钻了。果然，鸽子有了吃的，不钻也不叫了。

老师继续讲课，同学们认真地听讲，教室里静悄悄的。

“扑啦啦！”

突然，鸽子挣脱书包，扑打着翅膀在教室里乱飞起来。

同学们被突如其来的鸽子给吓了一跳，随之整个教室热闹起来，大家纷纷挥舞手中的课本、帽子、书包，抓鸽子、撵鸽子，哄笑着、叫喊着、追逐着……一时间，教室像开锅了一样。

艾兰老师先是一怔，马上反应过来，赶紧把门打开了。她是想把鸽子放出去，可不遂她心愿，鸽子非但不往门口飞，反倒往窗户的玻璃上撞。

“嘭！”

鸽子一头撞在了玻璃上，玻璃没破，它倒被撞晕了，掉落在窗台上。

课堂上，老师在讲课，同学们在认真地听讲，教室里静悄悄的。突然，一只鸽子从毕加索的书包挣脱出来，扑打着翅膀在教室里乱飞。一时间，教室开锅了：同学们都纷纷挥舞手中的课本、帽子、书包，抓鸽子、撵鸽子，哄笑着、叫喊着、追逐着……

名家名言

生活中的每件事情都是有代价的。如创造力、新想法之类的东西，每一件有价值的东西都会同时伴随着阴影。

名家名言

怎么做才能获得的一些自由呢？答案就是释放自己内心的一些东西。

毕加索急忙奔过去，把鸽子抱在怀里。

艾兰老师过来命令毕加索："把鸽子放飞。"

毕加索看看鸽子，说："它撞晕了，飞不起来了。"

艾兰老师从毕加索眼神里看到了乞求，便松了口气，说："等鸽子苏醒过来就放走。好吗？"

毕加索没别的选择，只好点头说："好。"

"不要让它再飞出来。"老师叮嘱毕加索一句，接着上课。

没想到，毕加索嘴上说"好"，可随后可就不好了——过了会儿，鸽子又一次飞出来，在教室里乱飞乱撞。

这一次，艾兰老师站在那里没动地方，对同学们说："谁也不要动，让鸽子飞出教室。"随手把门敞开了。

毕加索想要去捉鸽子，可被艾兰老师严厉的目光给制止了。

鸽子可能是刚才被那一撞给撞蒙了，怎么飞也飞不出教室。最后落在了墙壁上的挂钟上，蹲在那里不动了。

艾兰老师上前试图轰鸽子，可扬了下手马上收回去了，她是怕把鸽子轰起来再在教室里乱飞。

毕加索坐在那里，鼓了鼓勇气，可最后还是没鼓起来。

"谁也不要惊动它了。"艾兰老师说，"注意听讲。"

鸽子在挂钟上蹲着，也许是把"咯嗒咯嗒"的走动声儿当成了催眠曲，竟然微微地合上了眼睛，睡着了。

正好画画。

毕加索在书桌上铺开纸张，画了起来……

下午，唐·何塞还没下班，就接到劳尔的电话，说毕加索把鸽子带进教室，扰乱教学，干扰学生听课，明天就别来上学了。

“这都是我的错……”唐·何塞马上道歉，“劳尔你是知道的，我儿子巴勃罗喜爱绘画，更喜爱鸽子，而这种喜爱是我给培养出来的……”

劳尔想了想，说：“不把活鸽子带进教室可以吗？”

唐·何塞说：“可以。我给他做了个鸽子标本，在家呢！”

劳尔让步了，对老朋友能那么不留余地吗。于是说：“带鸽子标本可以，可还是不能影响别的同学上课。”

“多谢啦！”唐·何塞说，“我会叮嘱巴勃罗的，你就放心吧！”

“但不要放在书桌上面。”劳尔强最后调着，“放在书桌里面，以免分散其他同学的注意力。”

“好的。”唐·何塞下保证，“我会让巴勃罗把鸽子放在书桌里面的。”

放学了，唐·何塞来接儿子。

毕加索见爸爸来接他，很高兴，扑进爸爸怀里。

唐·何塞牵着儿子的手边走边说：“巴勃罗，你画鸽子没错，可让鸽子在教室里乱飞，影响同学们上课就不可以了。知道吗？”

“鸽子有翅膀，是它自己要飞的。”毕加索辩解着。

唐·何塞把他做的鸽子标本拿到儿子眼前，说：“它也有翅膀，但不会到教室里飞。”

毕加索接过鸽子标本，问：“爸爸，可以把它带进教室？”

“我会求劳尔校长的。”唐·何塞说，“但有个条件，你在画鸽子时要放在书桌里面。”

“当然可以。”毕加索回答得痛快。

“如果你不听话，连鸽子标本都不能让你带了。”爸爸强调着严重性。

“知道了。”毕加索说，“我会放在书桌里面的。”

劳尔校长见唐·何塞相求，开了口子，让毕加索把鸽子标本带进课堂。

毕加索还真的不食前言，把鸽子标本放在了书桌里头，默不作声地照着画，不再影响其他同学上课了。

“这回鸽子飞不起来了。”艾兰老师看到毕加索在那里默不作声地画画，变乖了，在心里说，“这孩子说不定会成为一个大画家呢！”

阅读思考

① 在课堂上玩儿其他东西，不注意听讲，会给学习带来哪些弊端？

② 鸽子是飞在毕加索心灵空间的精灵，都说要爱护孩子们的心灵，那么毕加索在课堂上画鸽子对吗？

第十一章　骑马斗牛士

毕加索从小就崇拜斗牛士，是因为爸爸总带他去斗牛场看斗牛。西班牙的足球很知名了，城市里都有很多足球场，可斗牛场远远要比足球场多。现在西班牙拥有300多个斗牛场，最大的是马德里的文塔斯斗牛场，能容纳2.5万多人。

在马拉加市也有多个斗牛场，唐·何塞带儿子常去的是一个最大的斗牛场，能容下一万多人。这个圆形的场子周围是阶梯式的座位，中间是圆圆的空场，斗牛士就在这里为观众表演斗牛。

在毕加索刚会走路时，爸爸就给他讲西班牙斗牛的历史。小毕加索的记忆里早就拓下西班牙的印迹——斗牛，起源于西班牙古代宗教活动中的杀牛给神供祭。而斗牛是从13世纪西班牙国王阿方索十世开始的。把祭神活动演变为赛牛表演后，真正的斗牛表演一直到18世纪中叶才有。每年

3 月到 11 月是西班牙斗牛节，有些时候每天都有斗牛，通常以星期日和星期四为斗牛日，使用的牛是体重 400 到 500 公斤的非洲纯种公牛。

在西班牙，所有的斗牛表演都安排在下午举行。因为在斗牛时，必须阳光普照。鉴于西班牙多数地方的温带大陆性气候，部分地区的地中海式气候条件，所以只能在每年的 3 月至 11 月进行。

毕加索也许是为看斗牛而生的。他一到斗牛场就莫名地兴奋，等斗牛士出场，更是兴奋得从座位上站起来，挥舞着双手呼喊。

“坐下，坐下！”唐·何塞往下拉儿子，“别影响后面的人观看。”

毕加索坐是坐下了，可双手还是不停地挥舞，嘴里不停地喊叫：“嗷！嗷！斗牛士出来啦！”

唐·何塞顺着儿子的手指望去,见斗牛士入场,两位前导都是16世纪装束,骑着马首先上场。他们径直向主席就座的看台跑去,请求他赐给牛栏的钥匙。

此时全场异常安静,观众静待这神圣而庄严的场面。

一场斗牛由三个斗牛士出场,共斗六头公牛,每人两个回合。这三位斗牛士各有一套助手班子,包括三个花镖手和两个骑马的长矛手。

观众对每场决战都很难预料其结果,因为取决于诸多因素——如斗牛士的胆略和技巧,当然也取决于出场的公牛,一些由著名牧场培养的凶猛公牛直接威胁着斗牛士的胜利,甚至生命。其实对于斗牛而言,牛和斗牛士同样重要,因为它的受训练程度和凶猛性关系到斗牛士的吉凶,历史上再出名的斗牛士都不免被牛挑死,而战死沙场。

"安静,安静!"爸爸要求儿子。

此时,乐队奏起了嘹亮的斗牛士进行曲,乐曲声中三位斗牛士各自率自己的一班人马分三列同时上场。绸制的斗牛士服在阳光下闪闪发光,十分耀眼。他们摆着特有的姿势绕场一周,随后来到主席面前向他鞠躬致意,当斗牛士退下后,主席反手一挥,号角吹响,也就是告示牛栏大门敞开,牛飞奔而出……斗牛开始啦!

在真正的斗牛过程中,毕加索从来都是安静地观看的,他嘴角绷得紧紧。

整个斗牛过程包括引逗、长矛穿刺、上花镖及正式斗杀四个部分。

在小毕加索眼里，引逗是整个表演的开锣戏，很好看。由于放出来的牛野性大发，就得由三个斗牛士助手引逗它围着场子飞奔，是为了把它的锐气消耗掉。几个回合过去了，骑马带甲的长矛手出场。

“看！”毕加索忍不住了，“多威武的斗牛士！”

“嘘——”爸爸把手指竖在嘴唇上。

毕加索不做声了。

长矛助手们向公牛接近，再接近，用长矛头刺扎牛背颈部，鲜血流了出来。

爸爸告诉儿子，这是给牛放血，同时为主斗牛士开一个下剑的通道。

长矛手完成“放血”任务后，花镖手徒步上场了，手执一对木杆制成的、饰以花色羽毛或纸、前端带有金属利钩的花镖，孤身一人站立场中，引逗公牛向自己发起冲击。

毕加索看着，心提到了嗓子眼儿。

公牛猛地冲了过来，花镖手眼疾手快，迅捷将花镖刺入背颈部——瞄准、前冲、刺入也就是一瞬间，动作干净利落。

全场爆发出欢呼声。

毕加索可算得到了机会，从座位上跳起来，“嗷嗷”地叫。

紧接着，一位手持利剑和红布的主斗牛士上场。他开始表演一些显示功力的引逗及闪躲动作，显然是在炫耀自己。他把胸部亮给公牛，当公牛顶过来，他轻巧地一闪，躲过了；接着再等公牛直线向他冲来，他的大腿一个侧滑，公牛猛地贴身冲过。

花镖的精彩表演,引发斗牛场里一阵阵惊叹声。

毕加索连连称赞着:"棒!真棒!"

更精彩的表演开始了——花镖手用手里一块叫做"贝罗尼卡"(贝罗尼卡原是耶稣受难时为其拂面的圣女之名,因其动作的相似性,所以命名)的红布甩向牛的面部,这下子把公牛给激怒了,拼命地用尖尖的犄角顶花镖。花镖手不慌、不急,引逗着牛围着他转圈……

斗牛场又是一阵暴风雨般的欢呼声。

最后的精彩虽然让毕加索感到有些心痛,可他还是看得激动。

斗牛士的最后刺杀开始了——他手握一柄带弯头的利剑稳稳地站在那里,引逗牛冲过来。当公牛接近他的一刹那,迎牛而上,把剑刺向牛的心脏。

被刺进利剑的公牛巨大的身躯摇几摇晃几晃,终于"呼隆"一声倒地。

毕加索紧紧地闭上了眼睛……

长时间的欢呼声在斗牛场里海涛似的滚来滚去,最后渐渐平息了。

唐·何塞拉起儿子说:"结束了,表演结束了。"

"没结束,爸爸!"毕加索怎么跟老爸顶嘴呢?

老爸没生气,问:"怎么没结束?"

"爸爸你说的是这场斗牛结束了。"毕加索振振有词地说,"可我们西班牙的斗牛永远不会结束。"

唐·何塞听了,为儿子这么小的孩子能说出这般话来,感到震惊。

“我还要把斗牛士画下来,骑马威武的样子……”毕加索边说边想象着。

“爸爸相信你,巴勃罗你一定会画好的。”唐·何塞鼓励着儿子。

随着人流出了斗牛场,父子俩边走边谈着斗牛,也谈到了鸽子。

夕阳渐渐坠落,远方的海面如燃起连天的烈火。

“我看过你在课堂上画的鸽子,表现得不错。”唐·何塞问儿子,“巴勃罗,你想怎么画斗牛士?”

毕加索默默地走着,走过一段路才开口:“斗牛和鸽子大概是人类所要面临的一个重要课题。牛是斗,鸽子是和。能不能把斗牛和鸽子画在一起……我这么想。”

唐·何塞听了不禁一怔,心想:“巴勃罗才8岁,这么小的孩子怎么会有这样富有哲理的思考呢?很像出自哲学家的口。”

“公牛……鸽子……鸽子……公牛……”毕加索走一步叨咕一句。

“巴勃罗,你有这样的想法,我相信你会表现得很棒!”唐·何塞从来都是鼓励儿子,他懂得鼓励就是动力。

“我也相信自己。”毕加索很有信心地说,“会把我的想法表现出来的。”

父子俩说着走着,不知不觉到家了。

在画架前,毕加索没用多少思考,也许是趁着斗牛场上的激动，马上挥笔画了起来。

爸爸唐·何塞在一旁静静地看着儿子作画，不说话，他不想干扰儿子的独立构思。

凭着激情，8岁的毕加索很快在画纸上画出了一头凶猛的公牛。公牛猛冲着，把一个斗牛士顶翻，其他两个斗牛士手里拖着“贝罗尼卡”在一边迎着冲过来的公牛。周围看台上是沸腾的观众。在画面的左侧，看上去是一堆杂乱的线条。

毕加索一口气画完，后退几步，审视着自己的画作。

唐·何塞被儿子作画的过程震撼了——他自己作画从来没有像儿子这样如奔放的激流，泼泄而下，而且从形象到场面非常完整，栩栩如生。

“鸽子呢？”唐·何塞想起儿子要把鸽子也画进去。

毕加索把画作倒过来，说：“爸爸您再看……”

唐·何塞也退后两步，仔细地观察鸽子在哪里。渐渐地，他从凌乱的线条里看到了，那是一排站在那里看斗牛的鸽子。“太棒啦！”父亲对儿子的表现力不禁肃然。

“看到了吧？”毕加索说，“为什么要倒过来看？”

“为什么？”唐·何塞摇头。

“鸽子和斗牛是性质相反的两个东西，我就把它们倒过来了。”毕加索给爸爸解释。

“噢!”唐·何塞在路上听儿子说那一番富有哲理的话,以为他是从书上看到的或从别人嘴里听到的,现在听见儿子解释自己的画作,认定了那是巴勃罗自己的思考。

“我儿子巴勃罗是天才!”他感到自豪。

毕加索能画出这样的画作,并非偶然。其实,毕加索喜爱鸽子和斗牛,那么这两种事物就成为毕加索热衷向往的意象。他今天完成的第一幅油画作品就是斗牛场所见的全副武装的骑马斗牛士。牛或者斗牛士都是毕加索敬佩的对象,有时候他幻想自己是一位勇武的斗牛士,

有时候又把自己设想成一头凶猛的公牛,而鸽子总是飞翔在他的心空,他的思维空间里。无论他把自己充当哪种角色,最后的胜利都属于他。

“巴勃罗,爸爸祝贺你!”

唐·何塞一下子拉过儿子,紧紧地抱住。

“爸爸,把我抱疼啦!”毕加索叫了起来。

妈妈唐娜·玛丽亚急走过来,说:“唐·何塞你干什

么呀?”

唐·何塞抱着儿子在屋里转着圈,说:“我要让儿子飞起来。”

“放下,放下!”唐娜·玛丽亚问,“什么让你高兴成这样?”

唐·何塞指着儿子的画作,说:“你看,你看——画中骑在马上的斗牛士和一旁助阵的观众都处于极度兴奋之中,人物性格生动而鲜明,构图十分巧妙和大胆,显示出巴勃罗无拘无束的创造才能。”

“哇!”唐娜·玛丽亚惊讶地捂上嘴,说,“这么高的评价?”

唐·何塞接着说:“这幅画既体现了儿童绘画的特点,也体现了巴勃罗成熟的风格特征。你看,不拘泥于透视、比例和明暗对比,牺牲或淡化细节来突出主要形象,主观任性地运用色彩。”

丈夫是画家,也是绘画教师和美术评论家,听到他这样评价儿子的画作,唐娜·玛丽亚从心底感到高兴。

毕加索听了,对爸爸说:“我从来没画过什么儿童画,这幅也不是。”

唐·何塞点头,说:“从风格上来看,这幅真的不是儿童画。”

“那当然。”毕加索挥了下手,“我以后也不画儿童画。”

妈妈抚摸着儿子头发说:“你是儿童呀! 怎么不画儿童画?”

毕加索说:“正像你们大人有时候不吃成人食品一样。”

妈妈说:“儿童食品好吃。”

“我画成人画才有感觉。”毕加索仰着头说。

爸爸用手指点了下儿子的额头,说:“天才在这里。我相信巴勃罗的好多优秀作品会从这里像雪片一样飞出来。”

“那当然。”毕加索一歪头,脸上美滋滋的。

阅读思考

① 为什么说斗牛是西班牙灿烂的民族文化?

② 看斗牛对毕加索的艺术成长起到了哪些作用?

第十二章　执木棒的海格力斯

唐·何塞对妻子说："亲爱的，你看到了吗？咱们的儿子巴勃罗画出了这么棒的油画。"

"噢！我看看。"唐娜·玛丽亚这才注意到儿子刚刚完成的斗牛士油画。虽然她不像丈夫那样懂得绘画，但也能看出一二。

"是不是很棒？"丈夫问。

唐娜·玛丽亚也拉过儿子，拥抱着说："真的很棒！"

受到爸爸妈妈的鼓励和夸奖，毕加索心头飞起一大群鸽子。

夜深了，兴奋中的毕加索还没有睡意，就到妈妈那儿要听故事。

于是，妈妈给儿子讲起古希腊神话中一位叫海格力斯的大力神与仇恨口袋的故事——

在古希腊神话中，有一位力大无穷的英雄叫海格力斯。

有一天，海格力斯在山路上行走时，发现路中间有个袋子似的东西很碍脚，就踢了它一脚。谁知那东西不但没有被踢开，反而膨胀起来。再踢一脚，膨胀得更大；再踢，越加大了。

海格力斯有点生气，便抬起大脚狠狠踩下去，想一脚把它踩破。哪知啊，那东西不但没被踩破，反而又膨胀了许多。海格力斯恼羞成怒了，拿起一根足有碗口粗的木棒狠砸起来，那东西竟然越打越膨胀，最后大到把整条道路都堵死了。

此时，一位圣人路过，忙对海格力斯说："朋友，快别动它，忽略它，离开它远去吧！"

"为什么我要远离它？我是大力神啊！"海格力斯攥攥拳头，胳膊隆起一块块肌肉。

圣人说："它叫仇恨袋，你不犯它，它就小如当初；可你的心里老记着它，侵犯它，它就会膨胀起来，挡住你前进的路，与你敌对到底！"

海格力斯明白了，扔掉手中的大棒，坐在那里等待仇恨袋瘪下去。渐渐地那个口袋一点点小了下去，最后回到原来那么大小了。

海格力斯绕着走过去，回头瞥了一眼那口袋，他心里明白了一个道理……

唐娜·玛丽亚讲到这儿，不往下讲了，问儿子："你说海格力斯明白了什么道理？"

毕加索抬头看着妈妈说："海格力斯是有力气，是个大英雄，可一旦有了仇恨，正像海格力斯所遇到的那个袋子，一开始是很小的，如果你忽略它，它就会自行消亡；如果你老是想着它，它就会在你心里不断膨胀。”

“是的。”妈妈点头。

毕加索接着说：“人的心中一旦充满了仇恨，就再也装不下别的东西，就会最容易失去理智，在仇恨的引导下就会干出后悔莫及甚至葬送自己前程的事情。”

“哇！”唐娜·玛丽亚差点儿大叫起来，“我儿子说得太好了。”

“妈妈！”毕加索突然说，“我要把海格力斯画下来。”

“好哇！妈妈等着。”唐娜·玛丽亚亲了亲儿子的脸，说，“妈妈的故事讲完了，睡觉吧！”

毕加索冲妈妈做了个鬼脸，说：“但愿你能梦到大力神海格力斯。”

“但愿。”妈妈吻了一下儿子的额头，安排他去睡觉。

毕加索真的做了个梦，真的梦到了大力神海格力斯，就是在那条被仇恨袋挡住去路的道上。当时海格力斯还没把那根大木棒扔掉，正拄在下颏下，坐在一块石头上歇着。小毕加索走过去问：“大力神，木棒怎么没扔掉？”

海格力斯瞥了他一眼，反问：“你说我为什么没扔掉？”

他想了下说:“是你不想扔掉吧?”

海格力斯摇头,说:“不是不想扔掉,是我要用它来拄着。”

“噢!”海格力斯把木棒在手里掂了掂,然后做了个挥舞动作,很像打垒球的姿势,便把木棒猛地一扔,木棒就像长了翅膀,带着风声飞向空中,越飞越远,最后消失在雪白的云朵里。

“你为什么要扔掉?”他又问海格力斯,可一回头大力神不见了。他也飞走了吗?没长翅膀怎么会飞?他四下张望着,海格力斯影子都没有。

“海格力斯大力神——”他大声喊着,听到的只是山谷里的回声——

“大力神,大力神,大力神——”

声音越来越小,小到最后谁也听不见了。

毕加索这么一喊,竟把自己给喊醒了。他揉揉眼睛,睁开,满眼漆黑。不,只有一缕微弱的光线从窗帘缝隙溜进来。

“真的梦到大力神海格力斯?”毕加索再揉揉眼睛,把睡意给揉跑了,使劲眨眨眼,回忆着刚才的梦境。

并不是鬼使神差,毕加索穿上衣服,下了床,蹑手蹑脚地出了屋子,到院子里找了根粗粗的木棒,握在手里,做了个海格力斯执木棒的姿势。

月光把他拿木棒的剪影投在地上。

“噢!原来海格力斯手执木棒的样子是这样……”毕加索想着,扔掉木棒,回到屋子。

毕加索来到画架前,点亮蜡烛,开始画起来。

黑暗中有一双眼睛亮着,窥视着……

"哏儿!哏儿……"

是大公鸡班尼在屋外叫。

"班尼喊我起床吗?"毕加索听到大公鸡啼鸣,朝窗外看了眼。

太阳打了个哈欠,可能是在床上刚坐起来,偷偷往窗里看,只是露出半个脸,接着站了起来,红红的大脸该不是害羞的吧!

毕加索停下画笔,伸了伸懒腰,也打了个哈欠,兀自说:"手执大棒的海格力斯,我会接着把你画好的!"

原来躲在黑暗中的那双眼睛闪了出来,是妈妈。她像什么都不知道,问儿子:"起得这么早?"

毕加索嘻嘻一笑,说:"是大力神海格力斯把我叫醒的。"

妈妈装作环顾着,问:"他在哪儿?"

毕加索闪开身子,露出画架说:"在这里,妈妈你看——"

唐娜·玛丽亚还是装作第一眼看到似的,表情惊讶地说:"呀!真的在我们家里呀!巴勃罗,他怎么来的?"

毕加索双手合在一起放在左侧耳朵上,头一歪,做了个"睡觉"的姿势,说:"从梦里来的。"

"噢……"唐娜·玛丽亚看到了画纸上的海格力斯手里拿着一根大棒,正是自己给儿子讲的故事里的大力神打仇恨袋的姿势。于是,她操起身边的拖把,在画架前做了个架势,"巴勃罗你看……"

“哈!”毕加索拍手,“妈妈也成了手执大棒的大力神了耶!”

妈妈也笑了,说:“像不像?”

毕加索连连说:“像,像极了。”

母子俩惊动了唐·何塞,他起床见母子俩在画架前玩着拖把,便好奇地到他们跟前,问:“起这么早你们在干什么?”

唐娜·玛丽亚嘴巴往画架努努。

唐·何塞看到了,画纸上是一幅手里拿着一根大棒的大力神海格力斯的画像,从海格力斯的造型上看,显然巴勃罗是自己想象出来的,也就是说是他自己创造的大力神造型。

“说说你的看法。”唐娜·玛丽亚对丈夫说。

唐·何塞问妻子:“你给儿子讲了海格力斯的故事吧?”

唐娜·玛丽亚说:“是在睡觉前……”

“这么快就画出来了,我不敢相信。”唐·何塞把烟斗装上烟丝,点燃,抽着,吐了口烟说,“至少我跟儿子比,我是没有他这么敏捷构思的。”

“你夸张了吧?”唐娜·玛丽亚笑了下说,“怎么不如孩子?”

妈妈搂着儿子说:“你爸爸说他不如你呢!”

“当然。”毕加索在一边插话,“当然不如了。”

妈妈拍打一下儿子,说:“说玩笑可以,骄傲可不行。”

“就是嘛!”毕加索越加认真地说,“爸爸个子没我矮,年龄没我小,吃饭没我少,是不是不如我?嘻嘻!”

见儿子笑,唐·何塞夫妻俩也跟着笑了起来……

毕加索在这幅素描《执木棒的海格力斯》上,郑重地署上巴·路兹·毕加索的名字,并注上了日期1890年11月。

从此,素描和油画成了毕加索的主要绘画手段,他用这两种手段来展示自己的绘画天才和魔力,并创造出自己的现实。

阅读思考

① 从大力神海格力斯与仇恨袋的故事,毕加索受到了什么启发?

② 毕加索对大力神海格力斯的做法有了自己的总结,你还能想出不同于毕加索的其他论点吗?

第十三章　数字鸽子

在毕加索的绘画技艺飞速发展的时候，这天爸爸闷闷不乐地回到家，坐在椅子上抽着烟斗，耷拉着头，一副阴郁的神情。

妻子唐娜·玛丽亚过来问："怎么了？发生了什么让你不高兴的事情？"

唐·何塞猛地吸了口烟，再慢慢地吐出，叹了口气，说："市政府为了节省开支，撤销了市博物馆馆长的设置。"

"那就是说……"妻子说到这儿停住了，她料到了发生的事情，"那不等于撤销了你馆长的职务了吗？"

"是的。这一份体面的工作没了，同时也失去了一半以上的工资收入。"唐·何塞接着抽烟。

"以后的日子要更加难过了……"唐娜·玛丽亚摇头，叹气。

"放心吧！亲爱的。"唐·何塞磕了磕烟斗，说，"我会尽快再找别的工作。"

1890年12月,也就是毕加索9岁那年,毕加索的父亲失去了工作。

为了维持家里的生活,唐·何塞便四下寻找工作,找亲戚、找朋友、只要有工作,哪里都行,即使是远离心爱的马拉加市也行。

俗话说:故土难离。可看着一家都张着嘴冲他要吃的,只要有生存之路就行。中国有一句谚语:树挪死,人挪活。唐·何塞终于打听到拉科鲁尼亚市新成立的达加尔达美术学校需要聘一名素描教师,立即决定应聘。

1891年4月,唐·何塞接到了达加尔达美术学校的聘书。

拉科鲁尼亚位于西班牙的另一端,濒临大西洋。站在岸边,看着汹涌的浪涛拍打着岸边嶙峋的礁石,让人觉得就好像到了海角天涯。

听说要到很远很远的"天涯海角"拉科鲁尼亚,毕加索兴奋得在屋子里跑来跑去。

全家人都在为这趟远行做准备,而唐·何塞此时最关心的一件事是安排好巴勃罗的升学考试。

坐在椅子上,唐·何塞又抽着烟斗在脑子里琢磨着怎样能让儿子通过考试。没有毕业考试成绩,到了拉科鲁尼亚哪个学校也不会接收的。他很清楚,如果没有关系照应,就儿子的文化成绩,说什么也不会通过考试的,而全家一旦迁往拉科鲁尼亚,就再也没有关系"后门"可走了。

"走后门",不是中国的专利,在西方也早就有了。

唐·何塞的一位好朋友希尔是当地的主考人,他抽着抽着忽然想起来了这个人,何不找他疏通疏通。

于是,唐·何塞磕掉烟斗里的烟灰,马上起身去找希尔。

“我直说了吧!”唐·何塞在希尔的办公室刚坐下就急不可耐地说,“我儿子巴勃罗要一份毕业证明。马上。”

“这么急,干什么?”希尔给唐·何塞倒上一杯咖啡。

“是这样……”唐·何塞把自己的处境和要迁往拉科鲁尼亚受聘的情况说了,博得了希尔的同情。

“那好,我同意给巴勃罗出毕业证书。”希尔爽快地应允,可他还是皱眉,“但为了掩人耳目,还是要进行一场考试做做样子的。”

“那就多多感谢了!”唐·何塞紧紧握住希尔的手。

回家,爸爸把好消息跟儿子说过,并安慰儿子,到考场上别紧张,要镇定,把会答的题尽量答好。但他没说是“假考试”,怕在儿子幼小的心灵种下虚假的种子。

在假考试这天,主考老师给毕加索出了几道极其简单的加法题,目的是让他轻易通过。可那么简单的数学题,毕加索还是全做错了。

主考老师看着毕加索正在答着的试卷不停地摇头,这么简单的数学题,就是幼儿园的孩子也能答上来。于是,提醒毕加索要集中精力答卷。

而毕加索集中精力想着的唯一的一件事就是父亲的允诺:要能通过考试,就是让他用油料画一张油画。

画油画是毕加索渴望要做的事。

毕加索运算不行，可要结束文化课考试，也得有个成绩呀！于是，主考老师让他把数字加起来。

把数字加起来……毕加索还是不会，用铅笔顶着脑门发蒙。

主考老师等不及了，在一旁连连催促。

毕加索一急之下，刷刷刷！竟然用几个数字画了一只鸽子。

鸽子的眼睛是“0”，头和身子是两个“6”，翅膀是“3”，脚下的树枝当做算式下面的横线。

“啊！”主考老师看了忍俊不禁，再看看毕加索那副可怜相，终于动了怜悯之心，说，“好吧，巴勃罗，算你通过了考试。”

毕加索一听，高兴得像一只获得自由的鸽子，“扑棱”一声飞出了考场。

主考老师望着毕加索跑去的背影，再看试卷上的“数字鸽子”，觉得太神奇了——这孩子不会做数学题那么简单的加法，可对绘画竟然有如此的天分，不可思议，真是不可思议呀！

拿到了毕业证书，毕加索就等着搬家了。

搬家是大人在一生中万不得已的事，可对孩子来说是高兴和渴盼的事。一个新的地方，总能勾起孩子的新鲜感，陌生感让孩子着魔。

“拉科鲁尼亚有鸽子吗？那里的鸽子和我们这里的一样吗？”毕加索一遍一遍地问爸爸。

唐·何塞说：“鸽子到哪里都是鸽子。”

“也有梧桐树吗？”毕加索还是问。

“当然有。”

“有红槐树吗？”

“会有的。”

“红槐树上有长耳鸮吗？”

“猫头鹰是吧？当然。”

“表妹康查和玛丽也跟我们一起去吗？”

“是我们搬家，她们不能一起去。”

“太遗憾了……”

毕加索叹着气不问了，到一边画他的数字画去了。他这回画的数字画，不再是鸽子，而是从鸽子拓展到人物。

毕加索用铅笔在纸上画着草图，用“0”到“9”十个阿拉伯数字，组成人物形象。在一幅画上有一高一矮两个人，高个子身穿农民服，头戴宽边帽子，手拄文明棍；矮个子则是一个大脸的孩子，显得幼稚可爱。两人站在一起显得十分滑稽可笑，更可笑的是，两人的形象中掺杂了阿拉伯数字，比如用横着的“8”画眼睛，用“7”来画眉毛和鼻子等。可见巴勃罗不是不懂得数字，只不过将数字的语言化成了绘画语言。

爸爸过来看了看，说：“怎么加法不会，倒会用数字来画画了。”

毕加索说:“别人用数字来做加减法,可数字对于我来说是绘画的语言。”

唐·何塞见儿子的绘画的题材范围因一场假考试而得到拓展,感到欣慰,说:“绘画语言不仅仅是数字,还有很多。你自己探索吧!”

“我记住了。爸爸!”毕加索说,“绘画语言就像在大街上遇到陌生人,每时每刻都会遇到的,只要你去询问他,就会知道他的名字,就熟悉他了。”

“是这个道理。”唐·何塞说,“爸爸相信你会有更多的绘画语言表现在作品上的。”

“爸爸能相信我,我更会相信自己。”毕加索冲爸爸攥了攥小拳头。

转眼到了10月。

10月的马拉加骄阳似火,烈烈的太阳蒸腾着大地上的水气。远远看去,房屋、树木、行人、车马……都变得模模糊糊,而且摇动着,让人看了有些眩晕,这是蒸汽造成的虚幻效果。这种虚幻的影像,给了毕加索绘画灵感,他要用这种幻象创作迷人的世界。不过不是现在,是到了拉科鲁尼亚以后。

也就是在巴勃罗10岁生日的前后,唐·何塞带领全家登上了驶向拉科鲁尼亚的轮船。

轮船驶出马拉加港口,沿着西班牙海沿线劈波斩浪前行着。站在甲板上的唐·何塞依恋着生活了半辈子的马拉加,对拉科鲁尼亚有点心灰意冷,时时有一阵怀旧的感伤裹着海风向他袭来,前途未卜,脸上布满惆怅。

但对巴勃罗来说，面对大海，一切都那么新鲜有趣——海浪、海鸥、海风，带有咸滋滋味道的湿润空气，还有蓝绸缎般的海面，让他亢奋得在甲板上跑来跑去。

妈妈在毕加索身后追着，喊着："小心，别滑到船下去。"她追上儿子，把他按在护栏上，说，"这样看大海不是一样吗。"

海鸥零零散散地跟在轮船后面，追逐着浪花，并不时地扎下来，再翻飞上去。

"为什么海鸥要跟着轮船飞?"毕加索问妈妈。

妈妈说："因为轮船在航行时能带起一股强大的上升气流，在茫茫大海上，海鸥巧妙地借助气流托起身体飞翔是为了节省体力。"

"那为什么要扎到浪花里呢?"毕加索还是不解地问。

妈妈说："因为轮船行驶的时候螺旋桨搅动海水，海里很多小鱼虾会被水流带到水面上来，海鸥扎下去是捉食物啊!"

"噢!"毕加索明白了，"海鸥为了食物，不怕大风大浪。"

"人也要像海鸥一样……"妈妈看了儿子一眼。

毕加索看懂了妈妈的眼神，说："我也要像海鸥一样……"

阅读思考

① 除了绘画，毕加索对数学很是厌恶，可他为什么能用数字绘出漂亮的图画?

② 你对"走后门"这种不良风气有什么看法?

第十四章　早　恋

轮船经过漫长的航行，终于抵达了拉科鲁尼亚港口。

这是一个美丽的港口。

“哇！太美啦！”毕加索下了船，望着海岸叫嚷着。

拉科鲁尼亚这座美丽的海滨城市位于大西洋的拉科鲁尼亚湾，是西班牙加利西亚地区拉科鲁尼亚省的省会。西班牙位于欧洲大陆西南角的伊比利亚半岛，西北濒临大西洋，拉科鲁尼亚刚好是在西班牙版图的西北角上，海岸线蜿蜒至此，忽地向陆地拐进一个弯，就像是上帝的有意安排，一个天然良港就这样留给了西班牙。

蓝天、碧海、阳光、沙滩，是大自然慷慨地馈赠给拉科鲁尼亚的礼物。毕加索还不知道仅仅在拉科鲁尼亚市内，就有2000多米长平坦开阔又均匀的海岸沙滩带，由此形成了天然的海水浴场。夏日里来到拉科鲁尼亚，街头常见的是——人们不分老幼，三两结伴，身着泳装，漫步走向海滩；到了傍晚时分,海滩上人群如织,人们嬉笑着,追逐着……

远方,落日余晖将一片金色抹在深蓝色的大西洋海水上,近处是忘我的人们争先恐后地投向海的怀抱,人与自然的接触,在这里就是这样亲密无间。

毕加索看着,真想和那些海浴的人一起扑进大海的怀抱。

妈妈见儿子对大海恋恋不舍,拉拉他说:“走吧! 以后会有时间的。”

唐·何塞一家在拉科鲁尼亚定居下来。

有了毕业证书,毕加索顺利地进入了拉科鲁尼亚的达古阿达工艺学校。学校的课程是让他先学装饰画,虽然对他来说这是一个新的美术表现形式,可毕加索并没有排斥,开始了严格的画法训练——画石膏人体模型,用炭笔画右脚、左手、右腿。他的眼睛和他的画笔配合得非常密切,表现得非常准确。老师见他画的那些素描显示出惊人的观察力,于是对他的考试成绩不是给“优”,就是“优上”,再不就是“特优”。

毕加索终于找到了施展才能的天地。

回到家里,唐·何塞仍继续训练巴勃罗作画。他把一只死鸽子的双爪切下来,固定在一个板子上,让巴勃罗做局部写生,直到他满意为止。这样的训练,让毕加索进步很快。

唐·何塞把鸽子的爪子拿掉,说:“给我画一幅鸽子的爪子吧! 虽然是局部,但对绘画很重要。”

“好的!”毕加索答应着,很快就能在父亲的画布上为他画鸽爪子了,而且表现得是那么细腻。

“好!”爸爸给了很高的评价,“我给你打‘优上’。”

对于爸爸的肯定,毕加索已经不是很在意了,并不是瞧不起爸爸,而是对自己建立了信心,也能正确地评价自己的画作了。

毕加索在拉科鲁尼亚的日子里,虽然整天埋在画堆里,可还是会时常想起马拉加的亲戚和朋友,特别是表妹康查和玛丽。

“怎么和他们联系呢?”毕加索便别出心裁地创办了一种画报式的书信,自任这份“画报”的经理、编辑、美编和记者。他给“画报”起的名字,就叫《拉科鲁尼亚·蓝与白》,前者是地名,后者是寄托了他对故乡蓝天白云的思念。接着,毕加索拿起画笔画了一个又一个刊头——拉科鲁尼亚海滩、飞翔的海鸥、展翅的鸽子……

在画报中,毕加索报道了拉科鲁尼亚的面貌和一些有趣的事儿。比如报道当地恶劣气候时,他画了一男一女挤在一起,雨伞和裙子在风雨中飞舞。加上文字说明:风在刮,而且会继续刮下去,直到把拉科鲁尼亚刮个精光。他还在画报的封底正儿八经地登一些广告,如:求购纯种鸽子。联系地址:巴尤——高麦街14号2楼。

他把画报寄给马拉加的表妹和亲友们,以这种形式建立了一个感情联系通道。

如果说,一个人的实际出生地,是他第一次睁开眼睛时看到一个五彩缤纷的大千世界;那么,除了风、雨和寒冷,拉科鲁尼亚就是毕加索的真正出生地了。

正是在拉科鲁尼亚，毕加索天才的创造意识才萌发出来，他的贯注力也才被唤醒。也正是在拉科鲁尼亚，他第一次体验到了爱情的神秘。

让他永远都不能忘记的是第一次接触“爱情”。

所谓“爱情”的萌生是，一个动人的故事引领毕加索走进这个在他一生中充满斑斓色彩的陌生世界。

确切地说，是因为一个人——英国将领约翰·摩尔爵士。

那是一本传记书，写约翰·摩尔爵士的。

摩尔爵士出生在格拉斯哥，父亲老约翰摩尔是一名医生兼作家，他的弟弟格拉汉·摩尔则是英国海军中将。摩尔曾就读于格拉斯哥高中。11 岁时与父亲的学生、16 岁的第八代汉密尔顿公爵道格拉斯一同游历欧洲，去了法国意大利和德国。他在日内瓦待了两年并在此完成学业。1776 年加入英国第 51 步兵团任旗手。1778 年加入汉密尔顿公爵率领的第 82 步兵团参加美国独立战争并晋升中尉。1779 年在“彭诺勃斯科特远征”中表现英勇，率领一小队英军顽强抵抗大批美军的进攻直到增援部队赶到。1783 年回国，第二年竞选下院议员成功，1787 年晋升少校，1798 年摩尔晋升少将，前往爱尔兰镇压共和派起义。凭借一己之力在 6 月 20 日的战役中力挽狂澜，并抢在残忍的雷克将军之前夺回进攻要塞。从而使该镇免遭洗劫。尽管在镇压过程中英军大都十分残忍，但是摩尔坚持人道主义并拒绝对爱尔兰人民施暴。在 1808—1809 年的半岛战争中，由于领军从葡萄牙撤退并签订辱国的《辛特拉协定》，之前在半岛指挥的三名英军将领哈里·布拉德、休·达利姆普尔以及后来的威灵顿公爵亚瑟·韦尔斯利被召回国内接受调查,摩尔便成了半岛英军的最高指挥官。这时,拿破仑率20万大军进入西班牙。摩尔一面迎击法军,一面向拉·科伦纳港撤退。摩尔在港口外围建立了防御阵地,法军很快追来,科伦纳战役打响。由第15轻骑兵团护卫的摩尔在战斗中受了致命伤。一发炮弹击中了摩尔的左胸,他的左臂左肩被整个撕开。由于受伤过重,在战场殉身。临终前,摩尔还喃喃呼唤着自己恋人的名字。

毕加索深深地被这样一个故事迷住了,被摩尔的忠贞爱情迷住了。虽然巴勃罗当时还不到13岁,但他的情欲就像他的天资一样早熟。

在毕加索的班里,只有两名女生,情欲推动着他向女生发起进攻。很快,他在两个女生中选中了其中的一个作为自己的恋人。

她名叫安格丽丝·蒙代兹·吉尔。

毕加索把她的名字和自己的名字结合在一起,缩写成"安·巴",签写在自己的课本上。他还梦想着进一步的结合,用"安·尼·路"的缩写来签名,意思是:安格丽丝·巴勃·路兹。

那么安格丽丝·蒙代兹·吉尔对毕加索感觉怎么样呢?是不是毕加索一厢情愿?

当然,安格丽丝也被巴勃罗出众、帅气、漂亮的外表所倾倒,尤其是他那双谁都想多看几眼的汪着灵气的大眼睛,让她感到他就是她的一切。

那天，也许是安格丽丝故意把她那本封面上有一朵小花的日记落下，是他们约会的那条长椅上。

巴勃罗想要喊住安格丽丝，可探求女孩内心的欲望让他闭上了嘴巴。

深夜，毕加索打开安格丽丝的日记本，映入他眼帘的是一首散文，刚读了一句，他就感到是散文诗。于是，他借着从窗户射进来的月光看了起来——

期待你的小雨

不知是什么时候，窗外下起了小雨，淅淅沥沥的像个伤心的女孩在抽泣。

望着外面的抽也抽不完的雨丝，我的心开始下雨。

你说你会来的，下了保证会来的。我喃喃地念叨着，是念给自己的心听。

可是你没来，已经过了半个小时了，你还没来。

窗外的小雨淅淅沥沥下个不停，我越望越加犹豫，心情越加烦躁。

你说会来的，就会来的。你从来没失过约啊！我还是和自己喃喃地说着。

在男生里，你总是像个大哥哥，而把我们女生当做小妹妹。哥哥待妹妹当然就没有了什么界线，没有了那种让老师和家长乱猜一通的嫌疑。

嗨！帮我搬搬桌子！

喂！帮我打扫打扫女生 WC，我给你看门儿！

哎！替我擦擦玻璃嘛！

唉哟！我的脚崴了，背我下楼吗……

哈！女生求你干什么，你从来没有回绝的时候，总是像个侍从似的跑来跑去。

哦！大哥哥真好。

毕加索看着，心怦怦乱跳。

窗外的小雨还是淅淅沥沥地下着，我的心田被小雨滋润得发潮，嫩嫩的草芽儿开始萌动……

还是在放学时，我对你说：吃完晚饭到我家帮我补习数学好吗？我不过是随便说了句。

好的！我会去的。你是这么说的，是这么说的。可是，时间过了35分钟了，你还没来。难道是雨把你给隔住了？不会的，这点小雨对于你不算什么的。可你为什么过了这么长时间了还没来？

淅淅沥沥的小雨下个不停，我的心中小草发芽，芽尖上顶着晶莹的雨滴，不时地坠落。

我望着窗外淅淅沥沥的小雨，望着你的身影在雨中出现。可是你没有出现，难道真的是雨丝把你给缠住了吗？

直到我望得眼窝发酸了，你终于从雨丝中钻出来，闯入我的视野。

灯光泼到窗前，你就站在窗下，我看到了你浑身湿得衣服贴到了身上，就像只落汤鸡。

我鼻子一酸，泪水流了下来……

轻轻打开门，你先说了声“对不起”，然后就诉说来晚的原因。很简单，一个喝醉了酒的男人倒在马路边，你怕他被雨淋病了，就把他送回家。

把一个醉鬼送回家，那是何等不容易啊！我的傻哥哥。

毕加索嘿嘿地笑了。

你嘿嘿地笑了，笑我脸颊上还挂着泪花。笑过，你说，我们开始吧！

我说，开始什么？

你说，补习数学啊！

我哈哈哈地大笑，笑得你莫名其妙。

你、你怎么会这样捉弄人……

我做个鬼脸，眨着眼睛，还是把你给逗笑了。

再这么捉弄人，我就把你给扔雨里头去！

我说，你扔，你扔！说着扑进你宽阔的胸脯。你被我拥得险些栽倒，不得不展开胳膊揽住我，而且揽得死死。

突然间，屋子里好静好静，静得就好像窗外的小雨也不淅淅沥沥了。

我静静地伏在你的胸脯上……

你突然推开我，一头撞出门去。

一溜儿美丽的水花在你脚下溅起来，就似溅起坠落于地的星星。

你很快就消失在夜色笼罩的雨幕里，我的心又开始淅淅沥沥地下雨。雨丝扯也扯不断，滋润着我的心田，待彩虹悬挂在天空上，心田又是绿草茵茵……

"太美妙啦！"毕加索在心里呼喊起来，"我的安格丽丝，我可爱的安格丽丝，我灵魂中的安格丽丝！"

一夜，失眠。

月亮在夜空瞪着大大的眼睛，看着这个陷入情网的男孩。

毕加索虽然不善写作，但他会用图画来表达自己的心情、感情、爱情。

睡不着，就操起画笔来画给安格丽丝——他先是想到了鸽子的飞翔，让我们的爱像鸽子一样，在蓝天里自由飞翔多好啊！

于是，他在画纸上先是画下了安格丽丝，并像天使那样长出了一双洁白的翅膀，当然他也要长出一双翅膀的。他们俩在蓝天里飞翔，手拉手地飞。身边是白云，远方还有一道彩虹，是象征着爱情殿堂的拱门。

在第二天的早晨，晨光走进校园的树林里，沐浴着两个年轻的恋人。

毕加索把昨夜画好的"情画"递给安格丽丝，轻轻地说："我就是你的小雨。"

安格丽丝看过那画儿，扪在胸口，喃喃地说："你的小雨打湿了我的情感，在天边为我架起一道爱的彩虹……我收下了，巴勃罗。收下你的爱。"

两个恋人拥抱一起，双唇粘在了一起……

毕加索说："我爱你……"

安格丽丝说："我爱你……"

"我爱你……"

"我爱你……"

"我爱你……"

"我爱你……"

他们交替地说着，不知说了多少句，止也止不住。

然而，他们天真无邪的恋情没持续多久，就被安格丽丝的父母发现了，开始发出非难。

原因出于安格丽丝的家庭——半贵族之家。

安格丽丝的爸爸妈妈意识到，在这个边远的小城，他们半贵族式的家庭与那位新来的绘画教师的家庭间，社会地位相差太悬殊了。"门不当，户不对"。不但在中国是这样，在西方也迈不过这道门槛。

"决不能再让他们交往。"安格丽丝爸爸态度很坚决。

"是啊！"安格丽丝妈妈也不想再让女儿的感情与那个画匠的儿子继续发展下去，说，"那想什么办法阻止他们？"

"你跟女儿谈吧！"丈夫对妻子说，"你们女人好沟通。"

"那好吧！"

安格丽丝妈妈当晚就跟女儿摊牌——不许再跟那个画

匠的儿子来往。

“为什么?”安格丽丝不解地看着妈妈。

妈妈说:“就因为他家与我们家不相配。”

“家庭跟爱情有什么关系?”

“如果你们结合在一起,是要在家庭里生活的。”

“爱情不看家庭。”

“可你是我的女儿。”

“那我还是巴勃罗的恋人。”

“决不允许!这是我和你爸爸的决定。”

“走着瞧吧!”

母女二人的谈话最终在吵架中结束。

虽然安格丽丝父母在这对小恋人间设下了重重障碍,但还是没能阻止安格丽丝与毕加索恋情的进展。相反,他们的恋情越来越深。

就当他们书信传情,就要海誓山盟时,安格丽丝的父母采取了更严厉的措施——隔离。安格丽丝的爸爸妈妈对女儿与巴勃罗同在一个城市很不放心,为了避免女儿被情感诱惑,便决定把她送到了潘普洛纳。

潘普洛纳是纳瓦拉省的省会,位于西班牙北部。每年7月6日至14日,潘普洛纳都会在街头巷尾举行圣大的庆祝活动。其中,圈养的斗牛便是节日里最不可或缺的。奔牛节期间,在潘普洛纳各个广场,被从笼中放出的斗牛,会在大街上疯狂地对人们展开一段惊心动魄的疯狂追逐。

安格丽丝走了,走向那个奔牛乱跑的城市,毕加索心中也就像奔牛一样，群牛乱奔。在奔牛节里，不免要有人死在狂奔的牛蹄下。

想念着自己的恋人安格丽丝，巴勃罗便在一册课本的尾页，紧接着安格丽丝缩写姓名的后面有四个字：潘普洛纳。他要记住这个城市，在这个城市里的安格丽丝。

人隔住了，可信隔不住。

毕加索开始写信，当然信中少不了表达爱情的图画。在给安格丽丝的信中，他表达了自己的爱情；在图画里，他既展示着他的画技也诉说着爱情。

渐渐地，安格丽丝在信中流露出相隔的痛楚，毕加索也从她的字里行间嗅到疏远的味道。为什么？难道就是因为家庭和社会地位的差距吗？

毕加索曾经与安格丽丝一起发誓：我们的恋爱不要让任何人知道，这是忠贞的秘密。

然而，她的父母是怎么知道的？

这是至关重要的大事，是深藏在心底的秘密，能否保守秘密是一把来衡量爱情是否忠贞的尺子。一定是安格丽丝没能严守爱的机密，才有了被她父母隔离的结果。

拉开相爱距离的是时间。

日子一天天过去了，毕加索与安格丽丝的信也一天天少了起来。虽然毕加索当时只有13岁，但在他身上，纯真与痴情已渐渐地不复存在了。他很清楚自己家穷，没有钱，位于社会底层，所以遭人白眼，被人拒绝，这已在他的心头留下深深的伤痕。那么，反过来再审视自己与安格丽丝的爱情，有理由去怀疑一切人和一切事物,甚至爱情吗?

在怀疑中,他与安格丽丝的感情渐渐淡化着……

阅读思考

① 少年学生早恋是一种什么生理和心理现象?

② 早恋被老师和家长看做“洪水猛兽”,你对早恋有什么看法?

第十五章　希望托付给儿子

与安格丽丝的爱情失败，让毕加索陷入深深的痛楚之中。更让他悲痛的是1895年1月10日，8岁的妹妹康契塔永远离开了他——死于白喉。

毕加索对自己的这个满头金色卷发、常常露出笑脸的妹妹感情很深——她活着时总是缠着他玩儿，他也爱哄着她玩儿，还给她画像，画幽灵像取乐。

妹妹死后，毕加索便认定，上帝是灾难，命运就是敌人。康契塔的死，还给他带来了两种神秘：权力的神秘与死亡的神秘，强烈地诱惑着他，使他确信自己注定要做一个画家的命运，而且不论后果如何，他都应该勇敢地响应那上天赋予的权力的召唤。

“爸爸，我要卖自己的画作。”一天，毕加索突然对唐·何塞说。

儿子的决定让当父亲的吃惊，他才13岁，作品在美术界还没有影响,画作能卖出去吗?父亲怀疑,但不泼冷水,说:“试试看吧!也许能卖出去的。”

“能卖多少就是多少。”毕加索毫不在乎地说,“为了我的妹妹康契塔,她的灵魂在天上看着我呢!”

“那就好好准备吧!”唐·何塞说,“爸爸支持你。”

“谢谢爸爸!”毕加索认真地准备着,他要模仿画家们,试图出售自己的作品。首先是要找一个画作展厅,这是很难的事情。

唐·何塞当然不会让13岁的儿子自己去找,他通过朋友找到了一家卖服装和小百货商店的后间,虽然小了点儿,可摆放儿子的画作还是绰绰有余的。

展厅布置好了,毕加索还做了一则简短的广告,张贴到大街上。为了招揽买主,在展厅的前面,还竖立了一块一人高的招牌。

几天过去了,展厅里来观看的人也稀稀拉拉,和唐·何塞预料的出入不大——儿子的画没卖出去几幅。

是毕加索画得不好吗?还是别的原因?

唐·何塞看着儿子一副沮丧的神情,安慰着:“巴勃罗,不是你画得不好,主要是人们发觉这些画是出自一个还不到14岁的孩子之手。”

“年龄能决定艺术价值吗?”毕加索弄不明白人们是怎么看待艺术的。

唐·何塞轻轻拍打着儿子的肩头,“不急,你的前途在这之后。”

毕加索望着自己的画作，说："我想……这之后，不会让爸爸失望。"

"好儿子……"父亲有些激动了，"爸爸的希望就寄托在你身上了。"

虽然毕加索的第一个画展以冷清结束，然而父亲却感到这不是结局，是儿子走向辉煌的开始。

吃完晚饭，唐·何塞开始收拾他的那些画笔、颜料、画板、画架……弄得噼噼啪啪的。

唐娜·玛丽亚过来问："你这是要搬家吗？"

唐·何塞把儿子叫到跟前，神情庄重地说："巴勃罗，我的儿子。我这些画笔和颜料送给你。"

"送给我？"毕加索疑惑地问，"那您使用什么？"

"从此……"唐·何塞决定地说，"爸爸就不作画了。"

"为什么？"

"因为我有了你这样的天才儿子。"

"您不后悔？"

"我已经看到了希望。"

"如果我做不到呢？"

"你会做到的，一定会。"

唐·何塞之所以这样做，就是他对儿子畏惧的一种表达方式。父亲对一个13岁神童诚惶诚恐，是他对儿子的正确判断。他深知儿子，也深深懂得儿子，因为他不仅是这个神童的父亲，也是他的启蒙老师。

毕加索久久地看着那些跟随爸爸多半生的绘画工具，觉得不仅仅是画笔、颜料、画板……那是一种继承,也是父亲的寄托。

在拉科鲁尼亚港,他看到装卸工从船上扛着货包上上下下,身负重载还依然拼命地干着,就觉得自己也像他们一样,身负爸爸的期望,肩头上很重。

“爸爸把一切都给了我,我决不会辜负他的。”毕加索对自己暗暗地说着,也是暗暗地发誓。

光阴荏苒,转眼4年过去了。

在拉科鲁尼亚的4年时间里,巴勃罗开始接触正规的美术教育,并尝试了一些严肃的创作。更重要的是,在心理上已为他的奋斗做了初步的准备。他可以扬起风帆,朝艺术的王国启航了。

1895年的春天来了,唐·何塞通过工作对调方式,在巴塞罗那美术学校谋到一个职位。在举家迁往巴塞罗那之前,唐·何塞一家到马拉加度假,重温旧梦。

一听要回到离别4年的马拉加,毕加索高兴极了。

回到马拉加,唐·何塞一家住到弟弟萨尔瓦多医生家里。

巴勃罗离开故乡时,还是一个考试总也不及格的小男孩;如今他又回到故乡,已经成为一名画家,并从拉科鲁尼亚带来了一批画。

“挂起来,让大家看看我侄子的画作。”萨尔瓦多叔叔建议着。

唐·何塞笑了,说:“是要给他开个家庭画展吗?”

“对!就是家庭画展。”萨尔瓦多吸了口雪茄,吐出一团浓烟，说，“巴勃罗侄子跟我的雪茄烟有缘啊！”

唐·何塞说：“当初，是你用雪茄给了他第二次生命。”

“巴勃罗来了，如今我要给他的是艺术成长力量。”萨尔瓦多喷出一个大大的烟圈，慢慢地升腾，越来越大，最后在天棚上消散了。

毕加索一听要在叔叔家里给他搞一个画展，高兴得拥抱着表妹康查在屋里转圈。

“马上，马上！”萨尔瓦多叔叔催促着妻子，“快把巴勃罗侄子的画作挂起来。”

大家一齐动手，不到两个小时就把毕加索的30多幅画作挂在了墙壁上。

很快，亲友们聚集到萨尔瓦多家，观赏毕加索的绘画作品。

康查和玛丽表妹十分活跃，像小鸟一样在屋子里飞来飞去、叽叽喳喳。

人们看着，议论着，赞许着……

从这批画中，大家看到了毕加索非凡的天资，匠心独裁的表现手法，出人意料的艺术构思，与众不同的色彩运用……真是无不心悦诚服。

尤其是救过巴勃罗一命的萨尔瓦多叔叔，对侄子的前途寄予了厚望。他嘴里叼着雪茄，不停地对每一幅画喷上一口烟雾，哈哈地笑着说：“喷上我的雪茄烟，艺术价值大无边。”

“哈哈哈！”

屋子里响起热烈的笑声。

“还有，”萨尔瓦多叔叔把每幅画喷完烟，说，“我还要给巴勃罗搞一个画室。”

“真的呀！”毕加索跳了起来，抱住叔叔说，“感谢上帝给了我这么好的叔叔。”

“只要你把画画好。”萨尔瓦多叔叔用雪茄敲了一下侄子的额头说，“你要把这里的智慧都展现在画作上呦！”

“绝不会让叔叔失望。”毕加索大声地说。

于是，萨尔瓦多叔叔为了激发侄子的绘画，他决定每天给巴勃罗五个比塞塔（西班牙自1868年起开始指定“比塞塔”为法定货币，2001年12月，该国加入欧元区）零用钱。在当时，这些钱足够毕加索零用的了。

萨尔瓦多说给毕加索搞一间画室，其实对他来说不费什么事。他是港口卫生局局长，便利用这样的权职，在健康监查处找了一间画室。

“好大呀！”毕加索来到画室，见足有40平方米，画多大的画也能放得下。

萨尔瓦多问：“满意吗？”

“我从来没有过自己的画室。”毕加索感激地说，“叔叔是要让我的绘画艺术野心比这个画室还要大呀！”

“不是野心，那是决心、信心、雄心。”叔叔强调着说，“雄心万丈，前途无量。”

毕加索挥着拳头表决心：“我一定努力，成为西班牙一流的画家。不，是欧洲，是全世界的大画家！”

听着侄子这样表态，萨尔瓦多叔叔得意地猛抽了几口雪茄。他打量着画室,自言自语:“画室够大,总觉着缺点儿什么……什么呢? 噢! 模特。对,就是模特。”

“模特?”毕加索说,“雇一个模特要很多钱呢!”

“钱不是问题。”萨尔瓦多说,“我给你雇一名老水手。这个模特可以吧?”

“太棒啦!”毕加索高兴得一下子跳了起来,亲了叔叔一口。

第二天,老水手就来到了画室。

“叔叔真会选模特。”毕加索一见老水手就在心里说,“个性十足的老水手。”

老水手站在那里,脸上刻着海风的痕迹,双眼闪烁着浪花的光芒,面部骨骼凸现着海礁的棱角,胡须展示着刚毅的锋芒,鼻梁耸着桅杆的高矗……

毕加索感激叔叔给他找了位这么好的绘画模特,他支好画架,便沉浸在绘画中。

每天,老水手与毕加索相伴,毕加索与线条、色彩、结构相融,画出一幅又一幅“老水手”画作。

秋天一晃到了,新学年开始了。

唐·何塞一家就要启程,前往巴塞罗那。

毕加索与老水手恋恋不舍,离别时把一幅老水手的画像送给了他。当然,也送给了叔叔好多幅。

伤感的告别,让毕加索的心陷入空寂……可他不得不随同父母踏上人生旅途的重要一站——巴塞罗那。

来到巴塞罗那,毕加索这位震惊了马拉加的神童,又变成了一名普通学生。

在编造历史和狂妄自大的背后,掩盖着毕加索这个学生极不健全的意识。他依然像小时候那样无法适应学校的各项规章纪律,不愿上课,也不喜欢学校这类教育机构。如果让他做什么事,这又是在强求他而不是出自他的自愿。于是,他反叛的个性又凸显出来,愤愤不满的情绪让他偏离正常的处理问题轨迹,原本一件很简单的事情,非叫他给办砸了不可。他既争强好胜,又刚愎自用,要是在某些方面不能胜过别人,就把人家贬得一文不值;若是在某些事情上无能为力,便会把自己的无能吹嘘成荣耀的标志。

这时的巴塞罗那,到处弥漫着反叛的情绪和无政府主义气氛。

毕加索在初到巴塞罗那的日子里,竟然在这种社会气氛中,涌出了奇异的构思——画出了一幅令人震惊的素描《基督祝福撒旦》。

这幅画显然反映了毕加索当时内心深处的纠结。同期,毕加索还画了《圣母子在埃及》和《圣母的祭台》。到了1896年更是画了一系列宗教题材的作品,包括圣母教导基督读书、基督显圣、天使环绕基督、受胎告知、最后的晚餐、基督复活等内容。大多数作品都显得炉火纯青,看起来不像是天主教国家里的一个少年画家的习作。毕加索是否此刻在基督与基督赐福的撒旦之间徘徊两难呢?是不是在他心里,撒旦意味着大逆不道和勇于挑战的结合体呢?

毕加索的宗教信仰面临的危机,正是西班牙全境宗教信仰危机的缩影。从反教权到反基督，中间只有一步之遥。从反基督到不相信上帝，更是只有半步之遥。

毕加索正举棋不定。

他画《基督祝福撒旦》一年之后，他给宗教信仰里最有力量的偶像赋予了温柔的表情，不过他同时也画了一张十分模糊的基督像：没有面容、没有个性、不真实、没有答案。天主教强调伦理，宣扬死后能上天堂。这样的宗教却不能给越来越热爱自由和世俗生活的毕加索一个答案。毕加索可以不去教堂，却不能回避基督的形象一次又一次地浮现在他的生命里，他自己就好像一个受难的基督。同样他也可以超脱地掩埋自己的欲望，却终生无法摆脱它。

毕加索怀着苦闷的心情踟蹰在巴塞罗那的街巷，流荡于各个咖啡馆之间，一种失落感油然而生。

他与大他 5 岁的朋友巴拉斯，经常光顾一家有歌女演出的咖啡馆——艾登音乐厅；逛妓院林立的唐人街，从一家妓院逛到另一家，当时他还不满 15 岁，却有着烈火般的性欲和施展才华的冲动。即使他在“心灵沦落”中，也会迸发出绘画的艺术才华。

1896 年 4 月，巴勃罗在自己的画室里完成了三幅作品：《最初的圣餐》、《留平头的自画像》、《科学与仁慈》。他的《最初的圣餐》参加了巴塞罗那的全市美展，与该市的一些名作家的作品并挂在一起，同时展出。《科学与仁慈》一画参加了那年的“马德里全国美术展”，使他第一次受到社会的瞩目和公众的赏识，后来又在“马加拉省美术展”上获得金奖。

尤其要提到的是《科学与仁慈》，这是在毕加索生活的那个时期，他的祖国多灾多难，一个又一个的专制王朝和军事独裁，使人民生活在水深火热之中。15 岁时，毕加索就创作出这幅《科学与仁慈》——画面上，一位身患重病、卧床不起的母亲，一面接受医生的搭脉诊断，一面忧伤地看着修女怀抱中的孩子。他虔诚地期盼着科学能将人类从病态的绝望中解救出来。

此时，在乡间，毕加索结交了很多老实善良的农民朋友，他同情他们的悲惨生活。

由于毕加索深入到下层人民的生活之中，对他们的不幸遭遇抱着深切的同情之心，对人吃人的社会进行深刻讽刺。为此，这时期毕加索的画以忧伤的蓝色为主调，描绘了无数表情冷淡、面容干枯、身体僵直、被社会抛弃的孤独者。这些便称为毕加索的“蓝色时期”。

父亲唐·何塞看到儿子在绘画艺术的道路上不断地攀登，一路猛进，获得这么辉煌的成就，自豪感充填了他的自卑感。

阅读思考

① 毕加索的父亲放弃自己的绘画，把期望寄托在儿子身上，体现了一个父亲的什么品质？

② 怎样理解和对待父辈为子女的奉献之情？

第十六章 黑色与蓝色

《科学与仁慈》这幅画后来在叔叔萨尔瓦多的寓所挂了许多年,后来又转移到巴勃罗妹妹劳拉的寓所之中。他们觉得,这幅画是毕加索思想和艺术完美表现的佳作。

1897 年当梧桐树叶飘落的时候,巴勃罗已经 16 岁了。他已经不需要爸爸唐·何塞守在身边了,要一个人独闯世界。

他背着行囊来到了马德里,进入西班牙最高美术学府——圣菲尔南多皇家美术学院继续深造。

可是一只脚刚迈进校门,那种从小就积淀在心底的厌恶感就从心头升起——他又失望了。

毕加索永远对学校教育感到失望,一见到校门,胃里就翻腾。

他受不了学校里的墨守成规、死板教条、空洞无物、死气沉沉的约束。为此,即使进了校门,也很少到学院来,除了去学校的画室,几乎放弃了所有课程。

那他怎么学习绘画呢?

毕加索三天两头去马德里最著名的美术馆——普拉多美术馆。在那里,仔细观察、品味和临摹格列柯、香拉斯凯兹、戈雅,还有提香、鲁本斯等人的作品。从这些本国的和外国的大师们身上汲取养分、获得灵感。

毕加索沉醉于璀璨明珠一般的名画之中。

同时,渐渐成熟的性欲在他体内膨胀,他发狂地追逐那些"使美艳无比的土耳其女郎黯然失色"的马德里姑娘。

他今天换一个姑娘,明天换一个女友,为了躲避她们来找,他经常搬家,房东不知换了多少个。

毕加索不上课的消息传到马拉加。

叔叔萨尔瓦多和其他叔父、姨母们很快统一了意见:对天才倾囊相助,对浪子决不姑息——停止了对毕加索的资助。只有他的父亲唐·何塞,还继续尽自己的能力供养着儿子,但自己生活都难以维系的父亲,很多时候也是力不能支。

毕加索陷入了穷困潦倒的地步,在让人瑟瑟发抖的寒冬里艰难地度日。

春天来了,毕加索病倒了,他躺在床上望着天花板叫天天不应,唤地地不灵。

毕加索得的是什么病呢?有人说他得了猩红热,有人说他得了胸膜炎,也有人说他得的是梅毒。

几个星期过去了,毕加索用生命抗争着,用年轻与魔鬼搏斗着,幸运的是他终于没被病魔扼杀,可浑身却脱去了一层皮。即使在病痛中,毕加索也没有向爸爸和叔叔求救,倔强不让他那么做。

病好了，毕加索才动身前往巴塞罗那，回到父母身边。可是，因为他在马德里干的那些让人厌恶的事，父母对他的热情也渐渐地冷了下来。虽然妈妈唐娜·玛丽亚对儿子关心有加，可还是让毕加索感到了淡漠。

在巴塞罗那待了没多久，毕加索就同在马德里交下的朋友巴拉斯来到了他的家乡——奥尔塔山村。

奥尔塔山清水秀、鸟儿啼鸣、溪水潺潺、空气清馨，真是世外桃源。优美的环境，避开了喧嚣的城市，毕加索不仅恢复了健康，而且度过了他一生中最有意义的8个月。

安静和冷静之中，毕加索对生活和生命本质进行了思考，也有了更深刻的体会。面对青山绿水，他创作了一幅名叫《阿拉贡人的风俗》的作品，并在马德里和马拉加的画展上再次获奖。

1899年2月，毕加索再回到巴塞罗那。

他走进了自己绘画创作中的“黑色时期”。

1898年12月，巴黎条约声明古巴独立；美国人攻占马尼拉，宣告了西班牙帝国的末日。毕加索看到，在巴塞罗那的大街小巷，到处是复员的残废士兵，他们沿街乞讨，求人施舍。那些知识分子群情激愤，猛烈抨击西班牙的腐败衰落，主张无政府主义。

满眼疮痍，一片混乱的社会让毕加索的情绪低落、悲观，陷入了谷底。为此，在他的笔下，创作出的作品不是死神，就是幽灵。

这样就形成了毕加索的“黑色时期”。

“黑色时期”构成了他个性的几大要素——狂热的独立性、旺盛的活力及炽热的创造欲。

毕加索回来之后，经常出入“四猫酒吧”，那里到处弥漫着虚无主义、加泰隆主义、无政府主义和现代主义的烟雾。当时毕加索年仅18岁，无钱无名，经常沉默调侃，引人发笑。可他一开口说话，总是锋芒毕露，妙语连珠，富有冲撞力。

毕加索的表现赢得了常在“四猫酒吧”聚会的朋友们的欣赏，他们欣赏他的口才，更欣赏他的绘画才华。为此，大家在一起筹划，给他在“四猫酒吧”举办了首次作品展览。也许是因为这是毕加索的“黑色时期”，那么结局也是黑色的——出师不利，观众反应平淡，外界也十分淡漠，从商业角度看更是收益甚微，卖出去的画少得可怜、价格也低得难以提及。

“这里可能不是我生存的地方。”画展让毕加索心灰意冷。

巴黎，世界艺术的中心，现代主义的营垒。

此时，毕加索比任何时候都向往巴黎，奔向巴黎的冲动时时刻刻在胸中汹涌。

“要去巴黎，得要有些准备。”毕加索跟自己说着，并用了好几个月时间，认真翻阅各种法国艺术杂志，研究斯坦兰和劳特累克的插画，从中吸收营养。

在毕加索动身之前，他为自己画了一幅肖像——在眉毛上连写三遍“我即王国”。他把它当做护身符，也是他权力的吉祥物，保佑自己不受恐惧与怀疑的侵扰。

那是一个朝阳灿烂的早晨,毕加索背上画架和行囊,踏上去往巴黎的路,他有生第一次越过了西班牙的边境。

与他随行的还有好友卡萨吉马斯。

毕加索来到了巴黎,背着画架和行李走在熙熙攘攘的大街上,与拥挤的移民一道,走进了一个色彩缤纷的世界。

举目无亲,语言不通,让毕加索感到陌生和恐惧。但他始终抱着"我不寻找,我只找到"的态度,面对巴黎这个目不暇接的大剧场。

是的,正如他的执着一样,在很短的时间内奔波着,接连找到三个去处:蒙帕纳斯大道上的首次战役路9号的画室、诺尼尔在蒙马特尔区加布里埃路49号的画室、希普德鲁姆饭店。

10月25日,就是在毕加索19岁生日这天,他郑重地写下了一句誓言:"除了适应环境之外别无选择:做你所能做的,因为上帝已经安排好了一切。"

遵循自己的誓言,毕加索的活动范围要逾越加泰隆人(西南欧民族。1978年约750万人,其中有690万人住在西班牙,占全国人口的18.8%,为该国人口最多的少数民族)的圈子是很不容易的,为此他经常光顾伦敦路上的一家有名的妓院,在浓妆艳抹的妓女怀中提高着自己的法语,这才是他的目的。

在巴黎,当时深受法国青年人喜爱的是劳特累克的"新艺术"代表画家,因为他继承了印象派的画风,又吸取了日本浮世绘的技法,描绘了一幅幅苦中作乐的下层生活图景。

毕加索迷上了劳特累克的作品,并仿效劳特累克的风格,结合自己在蒙马特尔观察到的贫民生活及灯红酒绿的颓废生活,创作了到法国后的第一批绘画作品,其中包括那幅著名的《烘饼磨坊舞厅》。

很快,在巴黎有不少加泰隆人被毕加索吸引着,皮尔·曼雅克就是其中的一个。

皮尔·曼雅克是一位艺术经纪人,30 岁出头,嘴唇上留着一抹胡子,衣着整洁,仪表堂堂,精力充沛,而且经营有术,乐于帮助一些青年艺术家,因此在巴黎艺术界颇有名气。

皮尔·曼雅克结识了毕加索后,看了他所有的画作,当即拍板,每月以 150 法郎购买他的画作,并担任他在巴黎艺术界的保护人和引路人。

有了这么多钱,毕加索第一次在经济上获得了独立。

曼雅克为毕加索在巴黎的生存保驾护航,可毕加索却不感激皮尔·曼雅克,乃至任何人,他以为什么都是应该的,甚至当人家赴约来到时,连门都不开,连最基本的礼节也不顾了。

钱这魔鬼,把毕加索也变成了魔鬼。

也许是毕加索太依赖曼雅克的缘故,使他产生了反叛的情绪。而且,这也是他打算离开巴黎的原因之一。

毕加索是一个总也不会安分的人,是一个不断需要投身、不断需要新的刺激,以使自己主动地完全投身进去的人。在他来巴黎的两个月里,为使自己投身于这个城市,他拼命地倾注于工作,拼命地画画,确实够主动也够刺激的了。

这天，当阳光从窗子斜射到躺在床上的他脸上时，忽然迸出一个念头——回家看看。是啊！圣诞节临近了，他越来越感觉到自己在这个城市是个外人，自己不属于巴黎，甚至也不属于巴塞罗那。

但更主要的原因却是为了他的好友卡萨吉马斯。卡萨吉马斯曾经是毕加索在巴塞罗那的同屋，是好友。

毕加索来巴黎时一路上与他同行。这个又高又瘦、留着跟巴勃罗一样头发的卡萨吉马斯，到巴黎后爱上了一位有着西班牙血统的模特儿，名叫吉尔迈尼·卡加罗。

而吉尔迈尼轻浮的举止使卡萨吉马斯深为痛苦，陷入心理矛盾。

毕加索为熄灭卡萨吉马斯对吉尔迈尼的爱情之火，决定带卡萨吉马斯动身返回巴塞罗那，以摆脱吉尔迈尼·卡加罗。

这时，无政府主义者在西班牙处处令人生厌。毕加索和卡萨吉马斯回到巴塞罗那，走在大街上，这两位年轻人的长头发和不修边幅的外表引起了人们的怀疑和厌恶。

卡萨吉马斯看着这一切，便对毕加索说："我还是要回到巴黎。"

毕加索明知故问："是不是因为吉尔迈尼？"

卡萨吉马斯笑了，说："吉尔迈尼的影子总是在我梦中晃动。"

毕加索说："也许那是一条黑暗的路。"

卡萨吉马斯坚持说："也许吉尔迈尼是条光线。"

"可我还是说……"毕加索没再说什么。

“我决定了。”

“一路平安……”

卡萨吉马斯走了，离开了毕加索。

毕加索望着卡萨吉马斯的背影，轻轻地叹了一口气，只身留在了马德里。

卡萨吉马斯回到巴黎后，举行了一个晚会，被邀请的朋友中当然首请的是，吉尔迈尼。可是让卡萨吉马斯没料到的是，吉尔迈尼对他的情感淡漠了，竟然谢绝了与他跳舞，跟一位看上去很潇洒的绅士翩翩起舞。

卡萨吉马斯痛苦之极。

在晚餐接近尾声时，卡萨吉马斯哭着掏出一支手枪，枪口对准了吉尔迈尼。

吉尔迈尼见势不好，赶紧卧倒。

“嘭！”

子弹射出枪口，舞厅里顿时哑言。

人们没敢扑过去，静静地看着受伤者——吉尔迈尼。

吉尔迈尼还在动弹，子弹只擦伤了她的后颈。

绝望的卡萨吉马斯又哭着举起枪，对准了自己的太阳穴……

“嘭！”

舞厅里划过惊讶的尖叫。

几个小时后，卡萨吉马斯死在医院里。

“我的好朋友卡萨吉马斯……”毕加索仰天长唤，“卡萨吉马斯，你到底走上了黑暗之路。”

卡萨吉马斯的死讯传到了马德里，毕加索大恸不已。他久久不能平静，内心仿佛被一个孤寂的亡灵所缠绕，挥之不去。在这阴暗的笼罩下，一幅以死亡为主题的作品在毕加索的脑子里开始酝酿。

在黑暗的夜里，毕加索挥动着画笔，开始了悼念朋友卡萨吉马斯的创作。

毕加索蓝色时期的著名绘画《卡萨吉马斯的葬礼》诞生了，这要感谢卡萨吉马斯的灵魂的召唤。

《卡萨吉马斯的葬礼》完成后，毕加索最初想到的名字是《招魂》，可后来他改成了《卡萨吉马斯的葬礼》，是为了寄托自己对友人的哀思吧！

在这一悲痛深陷的时期，毕加索创作了另一幅蓝色调的作品《蓝宝》。《蓝宝》所描绘的是盥洗室。墙壁、家具、浴盆、水壶、被褥和窗子的阴影全是蓝色的，整个房间笼罩着一种忧伤的气氛。

阅读思考

① 毕加索的青年时代走过一个“黑色时期”，你怎么看？

② 毕加索的叔叔为惩罚毕加索的“恶行”，停止了对他绘画的经济资助，绘画和“恶行”是不是两码事？叔叔这样做对吗？

第十七章　和平鸽

《创世纪》第 6 章到第 9 章记载了一个诺亚方舟的故事。

创造世界万物的上帝耶和华见到地上充满败坏、强暴和不法的邪恶行为，于是计划用洪水消灭恶人。同时他也发现，人类之中有一位叫诺亚的好人。耶和华神指示诺亚建造一艘方舟，并带着他的妻子、儿子（闪、含与雅弗）与媳妇一同乘坐。同时，神也指示诺亚将牲畜与鸟类等动物带上方舟，且必须包括雌性与雄性。

方舟建成了，设有三层，这样做不但能够稳定船身，也能使总面积增加至差不多 8900 平方米。

方舟采用柏木一类的防水高脂树木建造，方舟内外都涂上焦油。当方舟建造完成时，大洪水也开始了。这时诺亚与他的家人，以及动物们皆已进入了方舟。洪水淹没了最高的山，在陆地上的生物全部死亡，只有诺亚一家人与方舟中的生命得以存活。

在220天之后,方舟在亚拉腊山附近停下,且洪水也开始消退。又经过了40天之后,亚拉腊山的山顶才露出。

这时诺亚放出了一只乌鸦,但它并没有找到可以栖息的陆地。7天之后诺亚放出一只鸽子,鸽子立刻就带回了橄榄树的枝条,诺亚这时知道洪水已经散去。又等了7天之后,诺亚又一次放出鸽子,这次它便不再回方舟了。诺亚一家人与各种动物便走出方舟,上岸了。

离开方舟之后,诺亚将一只祭品献给神。耶和华闻见献祭的香气,决定不再用洪水毁灭世界,并在天空制造了一道彩虹,作为保证。

从此世界万物才又得以复生,人们就用鸽子和橄榄枝来象征和平。

把鸽子作为当今世界和平的象征,并得到世人的公认,始于毕加索。

“轰隆!轰隆!轰隆隆……”

第二次世界大战爆发了。

全世界的每个国家,每个党派,甚至每个人都在极力适应这一现实。英国和法国开始进行紧急动员,可旅游者们像被惊飞的鸟儿逃之夭夭,很多人逃到了法国。

毕加索也重返巴黎。

虽然第二次世界大战爆发了,可世界各地仍在举行他的画展。特别是这年的11月份纽约现代艺术博物馆要举办毕加索40周年创作回顾展,作为宣传的一部分,毕加索用了一天的时间,在大奥古斯丁路、里普斯路和弗洛拉咖啡店,让布拉赛拍摄《生活》杂志所要用的照片。

通过这次画展,毕加索得知西班牙共和国政府经济紧缺,就捐出30万法郎,并用另外20万法郎在巴塞罗那和马德里资助开办了两个儿童救济中心。为此,他忍痛割爱,卖掉了自己一些本想保留的珍贵画作。

德国的闪电战争征服了比利时,并越过了"无法逾越"的马其诺防线,侵入法国。德军已兵临巴黎城下,继续待在城里显然是冒险之举。毕加索决定乘火车回到法国西部的海滨城市鲁瓦扬。

回到鲁瓦扬,毕加索才发现自己的房子已被德军占领者征用。这让他很担心,并不是怕房子被损坏,而是为他的画和雕塑作品的命运忧心忡忡。于是,趁德国人都出去演习的机会,他带了玛丽·德瑞丝(1927年,毕加索还没有离婚之前,就爱上了只有15岁的玛丽·德瑞丝。当时,毕加索已经是46岁的中年人,但玛丽最终还是愿意没有任何名分地秘密跟毕加索在一起,并且为他生下一个女儿。在毕加索离开后,到毕加索去世之前,玛丽还是继续给他写信。她替毕加索所剪过的指甲和头发也被她保存下来。1977年,毕加索死后四年,等了毕加索40年的她也自杀了)动身前往,抢救出一部分油画和雕塑。此后,每逢德国人去演习,他们就急忙赶回去,从盗贼那里"偷回"一些属于自己的画作和其他艺术作品。可让毕加索感到无比愤怒的是一尊中世纪基督蜡像,被德国军当做蜡烛烧掉了。

"这些混蛋!"毕加索骂着,把战争造成的愚昧、黑暗、仇恨和愤怒表现在他的画布上。一幅《梳发的裸女朵拉》诞生了，这是毕加索表现德军占领鲁瓦扬后最野蛮、最富于报复性的作品之一。

战争继续改变着他的生活景象。

毕加索透过窗户，目睹着德军沾满泥污的坦克、汽车、大炮、戴着钢盔的德国兵开进城来，心揪在一起。

毕加索看着骂着："多么愚蠢！多么荒唐！多么野蛮！"

可侵略者是骂不走的。

在德国人眼里，毕加索是一个"堕落的"艺术家，是佛朗哥（西班牙国家元首，长枪党首领，法西斯军人独裁者）的敌人。因此，他们经常来毕加索这儿搜查。

有一天，德国人闯进银行，清查银行的保险箱。当清点毕加索在银行的藏画时，毕加索故意带两个德国兵在不同的房间到处转悠，不时地抽出一幅画来，搞得德国兵晕头转向。一些画明明没查过，毕加索却说："我们刚才不是看过了吗?"可怜的德国兵对这些五颜六色的绘画根本分不清哪张是哪张。

最后，德国兵问："这些画一共值多少钱?"

"8000 法郎。"毕加索轻描淡写地说。

德国人居然相信了。

事后，毕加索说："德国人总以为没人敢冒杀头的危险去欺骗他们呢。"并不是所有的德国人都是来搜查的。

一些纳粹官员和评论家也想来结识一下毕加索。每当这些人来，毕加索总是把印有《格尔尼卡》的明信片塞到他们手中说:“拿着吧,这是纪念品、纪念品!”

有一次,德国大使阿贝兹也来了,他看着《格尔尼卡》的照片问:“这就是你的杰作?”“不是,”毕加索回答,“是你们的杰作。”

希特勒法西斯匪徒攻占了法国首都巴黎后,连天空都陷入了恐怖之中。

当时,毕加索整天心情沉闷地坐在他的画室里,脑子里笼罩着乌云,仇恨地听着街上坦克的轰隆声。

“嗒嗒嗒!”

有人敲门。

毕加索打开房门,见是邻居米石老人。

在他东邻的小木楼上,住着一位叫米石的老人。在第一次世界大战中,米石老人失去了一只左臂膀。现在他的儿子和儿媳都参加了反法西斯的游击队,老人与12岁的孙子留辛相依为命。

爸爸妈妈都上前线打击侵略者去了,留辛难耐寂寞,在家养了一群白鸽。

毕加索透过窗户可以看到留辛在竹竿顶端绑上宽宽的白布条,站在阁楼顶上挥动竹竿,引导白鸽们离巢、飞翔和归巢。

喜爱鸽子的毕加索有时作完画,便来到小木楼和这一老一小一起放鸽子,彼此之间结下了深厚的友谊。

不久,前线传来留辛父母阵亡的噩耗。

突然失去爸爸妈妈的留辛,似乎一夜间长成了大人,变

毕加索非常痛恨第二次世界大战，他怀着满腔的愤慨拿起画笔，在画布上描绘出一只栩栩如生的鸽子。这就是毕加索“和平鸽”的雏形。1950年11月，为纪念在华沙召开的世界和平大会，毕加索又欣然挥笔画了一只衔着橄榄枝的白鸽。当时智利的著名诗人聂鲁达把它叫做“和平鸽”。

名家名言

不必过分地烦恼于各种事情，因为它们会必然或偶然地来到你身边，我想死亡其实也是一样的。

名家名言

我从不寻找，我只是发现

得严肃起来。在他幼小的心中燃烧着仇恨的怒火，觉得竹竿上绑着的白布条就如同投降于法西斯的小白旗，而红色象征着复仇的火焰。因此，留辛断然将竹竿上的白布条解了下来，换上了火炬似的红布条，在半空中挥舞着。

当毕加索看到留辛高擎“火炬”挥舞时，感叹着：“战争祸及巴黎，也使孩子们过早地成熟了。”

然而，毕加索万万没料到，就在他赞叹过的第二天清晨，疲倦的毕加索刚刚睁开眼睛，忽然听到一声沉闷的枪响。

他马上起来开门，米石老人手捧一只血淋淋的鸽子闯进了他的画室。

老人泪流满面，悲痛欲绝地说起刚发生的悲剧——原来今天天刚亮，当留辛正要导引鸽群离巢时，巡逻的德国士兵看到了竹竿上显眼的红布条，就像野兽似的冲上楼。

一个德国鬼子狠狠打了孩子一拳，硬说留辛“举红旗”是向游击队报信。

“但愿游击队能看到。”留辛狠狠地瞪着德国鬼子。

“一个小反抗者。”另一个德国鬼子说着，抱着留辛想从窗口扔出去。

孩子的两只小手紧紧地抓住高楼的窗沿。

那些德国士兵拿枪托去砸他的手指，孩子就这样摔下了楼……鲜红的血浸透了土地。

随后，那些德国鬼子举枪对着笼子里的鸽群一阵乱扫……

“野兽！野兽！”毕加索双手颤抖着，抚摸着老人手里奄奄一息的白鸽，悲愤的泪水淌下面颊。

米石老人央求毕加索：“毕加索啊，求你画下留辛的最后一只鸽子，来纪念我那在法西斯枪下悲惨死去的孙子吧！”

“我会的。”毕加索说着接下了这只小白鸽。

这时，东方已经泛白，晨光顽强地透出云层。

毕加索把负伤的小鸽轻轻地放在临窗的画案上，一道晨光正好照在窗台上——奇迹出现了，极通人性的白鸽竟扑棱着带血的翅膀，艰难地站了起来。毕加索惊异地发现，它那红玛瑙似的双眼里，竟然闪动着晶莹的泪光。

毕加索怀着满腔的愤慨拿起画笔，在画布上描绘出一只栩栩如生的鸽子。当毕加索画完最后一笔，小白鸽倒在了画案上，永远闭上了双眼……

这就是毕加索“和平鸽”的雏形。

1949年，在巴黎召开的世界和平大会的海报上，画着一只形象生动的白鸽，那只白鸽随海报很快翱翔于欧洲各大城市。

看到矫健飞翔的白鸽，人们祈愿它象征的和平也能平安地降临。

1950年11月，为纪念在华沙召开的世界和平大会，毕加索又欣然挥笔画了一只衔着橄榄枝的飞鸽。当时智利的著名诗人聂鲁达把它叫“和平鸽”。由此，鸽子才被正式公认为和平的象征。

当然,也忘不了“和平鸽之父”,伟大的画家毕加索。

阅读思考

① 政治对一个艺术家有什么影响?

② “和平鸽之父”是不是对毕加索艺术人生的最高评价,为什么?

附录　毕加索年谱

1881 年　10 月 25 日生于西班牙马拉加。毕加索自小便显露绘画天分,父亲任其自由发展。

1900—

1903 年　蓝色时期。由 1900 年起毕加索一直往来于西班牙及巴黎之间。1904 年在巴黎定居,住在著名的“洗衣坊”。其间他的作品仍受到在巴塞罗那大行其道的象征主义影响。这时期的作品弥漫着一片阴沉的蓝郁。

1904—

1906 年　粉红时期。毕加索结识了马蒂斯。这时他的经济已好转,画作用色变为轻快的粉红;绘画对象亦转向街头艺人、杂耍艺人及风华正茂的女孩。

1906—

1910 年　非洲时期。毕加索从德兰的非洲面具中得到启发,他笔下的人体健硕而深沉,在 1907 年的《阿威农的姑娘》中显露无遗,由不同组件组成的人体可从几个角度来观看。

1910—
1914 年　分析立体主义。毕加索大部分的艺术家朋友都由蒙马特迁到蒙帕纳塞,他亦随他们迁居。他的立体主义体验达到巅峰。雅克·比斯这样评论他:"作品由素描建构,色与调弱化到最起码的灰色与浅暗橘黄色;形体是几何图形化与综合而成的,造成迹近压抑其可辨认身份的效果,闯出桎梏,最终与形体剥离。"仿如从一面棱镜的焦点去看一个单一影像的多元角度。

1914 年　综合立体主义。战争使立体主义画家分道扬镳,各奔前程。毕加索重拾自由与个人在色彩上的品位。

1915—
1916 年　自然主义。

1917—
1920 年　新古典时期。毕加索居于意大利,刚为迪亚希列夫执导的俄罗斯芭蕾舞剧《游行》设计背景与服装,其时邂逅了芭蕾舞演员奥尔加·科赫洛娃。与科赫洛娃结婚,婚后诞下一子。

1921—
1923 年　作品还是走现实主义路线。

1925—

1927 年　他邂逅了极年轻的玛丽·德瑞丝，她成为他的模特儿，且为他诞下女儿马姬。此时，毕加索并没有与妻子离婚，却又与一名热情女画家兼摄影师多娜·马尔同居，差不多 10 年。在大奥古斯丁路的新工作坊内，毕加索创作了《格尔尼卡》。

1932 年　毕加索进入超现实主义时期。

1933—

1934 年　逗留西班牙期间，牛首人身怪作品出现。

1943 年　结识法兰丝娃·季洛，并与之在昂蒂布的米迪同居。

1944 年　绘制《骸骨的藏室》。

1945 年　他在瓦洛里斯绘画了一系列的静物画，并创作陶瓷。

1947 年　儿子克洛德出生。画有《为了法国而死的西班牙人》。

1949 年　女儿帕洛玛出生。他的作品中除了显示这种简单家庭生活的快乐之外，还表达了他对政治的承担。继续绘画静物、风景、肖像……

1950 年　库尔贝的《塞纳河边的女人》启动了他的围绕名家大师作品的变奏创作。

1954 年　法兰丝娃·季洛离开毕加索。在瓦洛里斯结识了贾桂琳·罗克，之后便与这女人共度余年。

1959 年　在康城为德拉克鲁的《阿尔及尔的女人》与贝拉斯克斯的《宫女》埋头作画，同时继续《画室》的后续工作。后搬到沃韦纳盖斯，又在木甘附近的娜特丹·德·米城堡定居，继续他的变奏系列创作。

1960—

1972 年　在这 13 年内，在目录中记载的作品已超过千件，种类分别有版画、素描和油画等。

1973 年　逝世，终年 92 岁。毕加索的作品，无论质还是量，都是惊人的，约达六万件之多。